NOTICE

SUR

AUBENCHEUL-AU-BOIS

ET LES HAMEAUX VOISINS.

Permis d'imprimer.

Cambrai, 22 février 1859.

PHILIPPE,
VIC.-GÉN.

NOTICE

SUR

AUBENCHEUL-AU-BOIS

ET LES HAMEAUX VOISINS,

PAR

M. LOUIS BONIFACE,

ANCIEN CURÉ DE CETTE PAROISSE.

CAMBRAI

IMPRIMERIE DE ALEXANDRE RÉGNIER-FAREZ,
RUE DU PETIT-SÉMINAIRE, 14.

1859

AVERTISSEMENT.

Nommé à la cure d'Aubencheul-au-Bois le jour de son ordination, l'auteur de cette notice s'était vivement attaché à sa paroisse ; les progrès de la piété augmentaient encore de jour en jour cette affection, quand Dieu appela son ministre à d'autres soins. Au moment de quitter ses brebis affligées, il leur promit pour souvenir l'histoire de leur intéressante commune.

Trop pressé peut-être d'accomplir sa parole, il réunit à la hâte, et laissa imprimer quelques recherches dont il n'eut par même le loisir de revoir les épreuves. Plus libre aujourd'hui, et muni de nouveaux documents, il offre enfin un récit moins imparfait.... Les pages en sont remplies d'anecdotes, dont beaucoup n'ont laissé de traces que dans certains manuscrits bientôt indéchiffrables. Cette circonstance peut rappeler au lecteur le néant des choses d'ici bas, et diriger son esprit vers celles de l'éternité. Ainsi, l'histoire d'Aubencheul-au-Bois sera encore une instruction qui fera suite à celles des Dufour, des Carion, des Beauvois, nos prédécesseurs. Puisse ce petit travail nous aider à rejoindre au ciel nos chères brebis, et ces pieux ecclésiastiques dont nous avons été appelé, pendant quelque temps, à continuer l'œuvre sainte sur la terre !

PREMIERE PARTIE.

DEPUIS L'ORIGINE

D'AUBENCHEUL-AU-BOIS

JUSQU'A SA PREMIÈRE DESTRUCTION CONNUE.

Une forêt assez longue s'étendait jadis sur les confins du Cambrésis et du Vermandois ; on la nommait l'Arrouaise [1]. Peuplée d'hommes presque sauvages, elle attira de bonne heure l'attention des religieux-missionnaires et des seigneurs de la contrée. Les premiers en éclaircirent d'abord quelques sombres fourrés, et y bâtirent des cellules d'où ils apprenaient aux grossiers bûcherons et cruels chasseurs, à connaître, en place de leur Teutatès et de leurs Sylvains, le Dieu créateur, bienfaisant et ignoré. Ils les rassemblaient en hameaux et leur montraient à cultiver autour de leurs huttes de branches, d'herbes et de terre mélangées, une certaine

---

[1] En latin, *Arida Gamantia. Arroasia.*

étendue de bruyère défrichée. Les seconds, prêtant leur puissante main aux ouvriers de l'Evangile, faisaient déblayer çà et là quelque colline couverte d'arbres séculaires ; ils y construisaient tantôt un fort, tantôt une simple habitation agricole, fermée de larges fossés, de haies impénétrables, et à laquelle on donnait pour cette raison le nom de Ferme. Cet enclos ainsi protégé contre la rapacité des animaux sauvages et des brigands, était livré à quelque famille serve qui l'exploitait pour son existence et pour les revenus du seigneur. Le cens qu'elle lui payait fut probablement la racine du mot Cense, employé dans les environs pour désigner une métairie.

Les possesseurs de la terre de Vincy ne restèrent pas en arrière d'un mouvement si conforme à la religion, à l'humanité et à leurs intérêts. Ils firent et laissèrent exécuter de nombreuses éclaircies dans leur portion de l'Arrouaise ; ils protégèrent la cellule du missionnaire-laboureur, ils établirent des forteresses, des fermes environnées de terres défrichées, et dans lesquelles le voyageur fatigué ou poursuivi, abordait après une longue traversée de bois, comme le navigateur aborde enfin dans un port sûr, ou dans une île habitée. Ainsi commencèrent l'abbaye d'Arrouaise, celle du Mont-Saint-Martin ; les villages de Boéni, Booni, Boni, l'*Habitation des bois;* de Goiacum, Gouy, la *Forteresse sur un coteau buissonneux;* de Villare, Villers, la *Métairie;* de Bello-Visu, Beaurevoir, la *Belle-Vue* [1]. Et sans doute aussi l'établissement qui va nous occuper.

Il s'appela d'abord *Scurvilers*, mot celtico-latin qu'on peut traduire par celui de *Métairie;* et ensuite *Parvum-Albenceolum, Petit-Aubencheul, Aubencheul-en-Arrouaise, Aubencheul-in-bosco, Aubencheul-au-Bois,* c'est-à-dire *Petite Colonie du Bois.* On lui donna aussi les noms d'Aubecheu, d'Aubechoel, d'Aubecuel, d'Aubencéel, d'Aubinceux, d'Obenceul, d'Aubenchœulx, d'Aubinceul et de d'Aubenceux. Cette localité traversée par

---

[1] Devillers, Ducange.

la voie pierrée de la ville de Crèvecœur à la forteresse de Gouy, dépendait de Vincy, donné en 640 par Dagobert, roi de France, à l'église de Saint-Pierre, laquelle plus tard fut l'abbaye de Saint-Aubert [1] ; on lit ensuite dans Carpentier que : « les religieux de cette maison avaient acquis la seigneurie de Scurvillers dont le nom ne subsiste plus que dans leurs cahiers. » L'origine de ce village remonte donc assez haut ; mais nous ne pouvons, faute de documents, lui assigner de place dans l'histoire locale qu'à commencer en l'an 1057.

A cette époque saint Liébert, évêque de Cambrai, concédait définivement, et pour toujours, aux chanoines de Saint-Aubert des possessions qu'ils tenaient déjà. C'était en particulier, « l'autel de Vincy avec ses membres, savoir Lesdain [2] et toute sa dîme; Ligescourt [3] et Scurvilers avec les seules appartenances de l'autel. » Il leur accordait en même temps l'autel de Villers-Outreaux, et dix-sept ans après (1074), celui de Gouy. Dès 1058, Henri Ier, roi de France, avait donné à cette même abbaye *absus quosque apud Goiacum*, toutes les terres improductives, au territoire de Gouy [4]. Le pape Innocent II, confirmant ces donations en 1137, désigne encore l'autel de Scurvilers comme dépendance de l'église de Vincy, nom qui va se confondre avec celui de Crèvecœur.

Cependant les maîtres du vaste domaine de cette ville de Crèvecœur, en détachaient de temps en temps certaines portions pour en former l'appanage de quelque puîné de leur famille. C'est ce qui arriva notamment vers l'année 1090. Alors Aubencheul-au-Bac fut démembré de ce territoire au profit d'un Guatier ou Watier, qui se qualifiait seigneur d'Aubencheul, portait de gueule à trois chevrons d'or, et parais-

---

[1] Carpentier; preuves, pages 4.
[2] Lesdain ou l'Esdaing, de stagnum, *l'étang*; village situé dans un marais avec des sources assez abondantes, entre Esne et Crèvecœur.
[3] Ligescourt, c'est-à-dire Métairie de la vallée, fief sur une partie duquel fut établie l'abbaye de Vaucelles. Manusc., n° 1057 de la bibl. de Cambrai.
[4] Carpentier; preuves, pages 7.

sait en 1096 au tournois d'Anchin avec Bauduin son fils. Celui-ci, ou l'un de ses descendants connu sous le même nom, prenait en 1145, le titre de chevalier, sire d'Aubencheul, et cédait à l'abbaye de Saint-Aubert, tous ses droits sur les dîmes de son village. Il épousa Jeanne de la Hamaïde, dame de Suireux, dont le traité de mariage l'obligea à prendre les armes que sa postérité a retenues. Elles étaient d'or à trois hamaïdes de gueulle [1]. Cette union lui avait donné en 1168 une famille de sept enfants, dont quatre fils et trois filles.

L'aîné, appelé aussi Bauduin, et surnommé Gaucelin, se trouve mentionné en plusieurs titres de 1168 à 1192. Il s'unit à Marie de Béthune, et eut un proche parent dont le nom s'est perpétué à Aubencheul-au-Bois; c'était Michel Bernard, seigneur de Ruyaucourt, qui donna à l'abbaye du Mont-Saint-Martin vingt-trois livres de rente à prendre annuellement sur ses héritages de Gouy. Il ne paraît pas que Bauduin eût de postérité; mais Jacques, son frère, second de la famille, eut de son épouse Alix, deux fils nommés l'un Bauduin, l'autre Jacques, et une fille qui porta le nom de la mère. L'aîné prit le titre de bailli de Crèvecœur et d'Oisy dans une foule de chartes, depuis 1206 jusqu'à 1238, époque où nous voyons cette fonction dévolue à son frère, Jacques d'Aubencheul.

Ces divers seigneurs héritaient-ils la terre de Scurvilers avec celle d'Aubencheul-au-Bac, ou ne l'eurent-ils en possession qu'à une date plus récente? c'est ce que nous ignorons. Quoi qu'il en soit, nous la voyons dès 1219 entre les mains de Bauduin, seigneur d'Aubencheul, bailli du comte de Chartres pour Crèvecœur et Oisy. D'un esprit religieux, droit et conciliant; généralement estimé, comme nous le montrent les actes nombreux de sa carrière administrative, il sut en même temps veiller aux intérêts de son maître et augmenter sa fortune personnelle. Mais pour lui, ce n'était qu'augmenter les

---

[1] Carpentier, histoire de Cambrai.

moyens d'agrandir ses bienfaits. Son affection semble avoir porté spécialement sur le *Pagus* [1] de Scurvilers, auquel il a tant ajouté qu'il en fit un nouveau village sous une nouvelle dénomination.

Parmi les raisons de cette préférence, il en existait une bien puissante en ces heureux temps de foi : Scurvilers avait été sanctifié par la présence et par un miracle de saint Bernard. Un mercredi, 29 janvier 1146, l'illustre abbé de Clairvaux, arrivant de Cambrai, venait de passer la nuit à Vaucelles. Après diverses occupations de la matinée, il en partit pour Gouy ; et dans sa route, *in viâ*, il rendit l'ouïe à un sourd. Or, les habitations de Scurvilers furent les seules qu'il dût rencontrer sur la voie que la saison et la rapidité de son voyage l'obligeaient de suivre. Il arriva ensuite à la forteresse de Gouy, « oppido cui nomen Gom, » d'où il gagna le lendemain, l'abbaye d'Homblières [2].

Dès 1219, Bauduin s'est acquis plusieurs terres du côté de Villers-Outreaux ; elles provenaient de l'abbaye de St-Aubert qui avait jugé à propos de les céder à Thierry de Douchy. Lorsqu'il prie Jean, évêque de Cambrai, de confirmer ses acquisitions, Bauduin promet de prendre sur les revenus des nouvelles propriétés une rente annuelle de sept muids de blé. Cette rente devra servir à fonder, dans ce qu'il nomme encore *sa Maison de Scurvilers*, une chapellenie pour l'âme de Jean son frère, chanoine de Cambrai ; et pour celles de ses ayeux. L'institution de ce bénéfice appartiendra, dit-il, « à l'abbé de St-Aubert, parce que ladite Maison se trouve dans les limites de la paroisse de Crèvecœur. »

Une partie des additions faites à Scurvilers consistaient dans

---

[1] Un acte de 1223 nous apprend que la famille Godin, ou Hodin, éprouvait depuis un siècle, au *Pagus de Scurvilers*, des difficultés relatives à un droit de terrage. (*Carp. preuves, page* 27.

[2] Récit d'un voyage de saint Bernard par Geofroi, secrétaire du saint. *Gom* est une abbréviation pour *Goiacum*.

les achats que nous venons de mentionner ; il faut y ajouter le bois de Vénérolles ou Vérérolles, de la contenance de six muids [1], placé entre la terre de Maurestor et le chemin de Villers. Quatre mencaudées de terres labourables, détachées du bois de la Fontaine ; quarante mencaudées au champ de la Fontaine, dix-huit mencaudées au champ des Bruyères, vingt et une mencaudées *de là le pire, ou puisard, de Villers, près de l'arbre de Kievrelu, ou Kieurelieu ;* enfin onze mencaudées et demie au champ de l'*Epine du Pourin, ou Povrin,* toutes vendues à Bauduin par le même Thierry de Douchy, père d'un certain Wis que nous verrons plus tard seigneur de Villers-Outreaux.

La ferme de Scurvilers avec ses dépendances, placée selon toute probabilité, sur la route pierrée de Cambrai et Crèvecœur à la forteresse de Gouy, souffrait trop du passage fréquent des troupes indisciplinées, allant s'assiéger et se piller tour à tour. Crèvecœur était du Cambrésis, et le château de Gouy se trouvait alors aux mains des turbulents comtes du Vermandois. Du reste, cette ferme ne pouvait plus suffire à l'exploitation des nouvelles terres, et elle en était trop éloignée. Bauduin fit donc construire un autre établissement et d'autres maisons de service auxquelles il imposa une nouvelle dénomination, appelant le tout en 1231 *sa Maison d'Aubencheul en Arrouaise.* Il prend pour sa seigneurie ainsi formée, des armoiries spéciales qui sont de gueulle à trois hamaïdes d'hermine [2]. Dans l'acte qui commence à porter ce nom au lieu de celui de Scurvilers, Bauduin rappelle en détail les conditions, les circonstances, les termes eux-mêmes de la promesse de fonder une chapellenie ; il ajoute qu'il l'a érigée depuis longtemps, qu'il assigne définitivement sept muids de blé à prendre annuelle-

---

[1] Le muid, mesure agraire, valait, en Cambrésis, seize mencaudées, ou cinq hectares, soixante-sept ares, trente-six centiares.
[2] Manusc. de la Bibliothèque communale de Cambrai, n° 788.

ment, pour le titulaire, dans la grange et des terres de ladite maison d'Aubencheul, obligeant à la même redevance quiconque aura ces propriétés après lui.

C'est l'époque des pieuses fondations ; voici naître en même temps une maison religieuse dont les destinées seront bientôt mêlées à celles de notre Aubencheul pour plus de cinq siècles et demi. Un essaim de vierges allait se grouper près d'Oisy, dans une île riante formée par les eaux de la Sensée, couverte d'un tapis de gazon, ornée de jolis arbustes, ce qui lui fit donner le beau nom de *Verger de la bienheureuse Marie*. Jean, comte de Chartres et Seigneur d'Oisy, l'avait offerte aux religieux de Cîteaux pour y fonder une maison de Bernardines. Député par le chapitre général, l'abbé d'Ourcamp au diocèse de Noyon, vient, le 1ᵉʳ mai 1227, examiner la localité, les bâtiments, les revenus ; il les trouve convenables ; l'offre est acceptée au nom de l'Ordre entier, et promesse est faite d'envoyer des habitantes aussitôt que le reste des appropriations à exécuter, sera terminé. On presse l'ouvrage dans le courant de l'été ; tout est fini au mois d'octobre. Alors le comte d'Oisy reconnaît par acte authentique, avoir concédé en pur don, sans nulle réserve, aux religieuses du Verger tout leur enclos bordé d'eau ; il y ajoute d'autres donations ; il approuve comme suzerain, celle de quarante mencaudées de terre sises près du couvent, et faite par Bauduin d'Aubencheul. Puis, une concession de la même importance, accordée par une dame Liégarde d'Oisy, est également approuvée. Il existait entre ce bourg et Palluel, dans une plaine marécageuse, un petit hôpital pour les pauvres, doté par les seigneurs du lieu. Godefroi, évêque de Cambrai, ayant pris le consentement du comte de Montmirail avec celui des religieux et religieuses du même hôpital, en fait passer au couvent du Verger tous les biens, et, ce semble, tous les habitants ; il confirme aussi d'autres dons déjà faits depuis quelques années. L'acte est du mois de janvier 1229.

Le pieux legs de Bauduin ne remplissait cependant pas toutes ses intentions. Arrivé, sans enfants, à la fin d'une longue et honorable carrière, il pensait comme Oda sa digne épouse, à échanger les biens de la terre contre ceux du ciel. Le surlendemain de Noël 1233, il convoque l'official de Cambrai, avec un certain nombre de seigneurs, et fait dresser en leur présence l'acte suivant : « Moi Bauduin, seigneur d'Aubencheul, et Oda ma très chère épouse, faisons connaître par cet écrit à tous présents et à venir que nous avons donné en perpétuelle aumône à l'Eglise du Verger de la Bienheureuse Marie, fondée par nous pour le salut de nos âmes, toute notre maison du Petit-Aubencheul, comme nous l'avons construite avec toutes ses appartenances en terres, bois et autres biens quelconques. De sorte que nous avons complètement abandonné à l'abbesse et aux religieuses du même lieu, la possession de tous les susdits biens, afin qu'elles en jouissent et s'en servent à perpétuité. Or, cette donation et aumône, nous l'avons faite solennellement et légitimement, en présence des hommes du Noble et notre très Cher Maître Jean, comte de Chartres, et Seigneur d'Oisy, lesquels hommes appartenaient au fief du Hainaut et à celui de Crèvecœur, attendu que la susdite maison et ses appartenances, avaient été du fief que nous venons de citer. Etait également présent à l'acte de cet aumône, l'official de Cambrai, à qui nous avons demandé de la confirmer en tant qu'il appartenait au Seigneur Evêque. Il faut savoir en outre, que ladite Eglise nous accorde libéralement et avec bienveillance, qu'elle fera solennellement et à perpétuité, nos anniversaires après notre décès, de manière qu'à chaque retour de cette époque, on prendra, sur les biens de ladite maison du Petit-Aubencheul, cinquante sous parisis pour la portion commune de tout le couvent. Or, afin que ladite aumône demeure toujours ferme, j'ai, moi Bauduin, signé cette charte de mon sceau pour moi et pour ma dite épouse qui n'avait pas de sceau particulier. Nous avons également fait inscrire au bas les noms des hommes déjà mentionnés, et sous le témoignage desquels la dite aumône fut faite. Seing de Bauduin seigneur de Walincourt, de Matthieu de Helli, de Landri d'Arleux, de Pierre de Forest, de Jean dit le moine de Crèvecœur, chevaliers ; de Gauthiers de Bruxiers, de Godefroi l'aîné, de Thomas Malos, d'Arnulphe de Villers, de Gilles de Masnières, prévôt de Crèvecœur. Fait l'an du Seigneur mil-deux-cent-trente-trois, le jour de saint Jean l'évangéliste.

Cette donation est confirmée le même jour par un acte spécial que dresse Gobert, clerc et official de Cambrai ; et trois années après, par l'évêque Godefroi qui reconnaît comme propriété du Verger le *Petit-Aubencheul en Arrouaise* avec tous ses biens présents, et tous ceux que les donateurs acquerront dans l'*Arrouaise, sauf la chapellenie qu'ils ont fondée dans la même maison, dès les commencements, comme il est dit dans les écrits de Jean notre prédécesseur.* Ainsi s'exprime l'acte de Godefroi, fait au mois de Juin de l'an 1236.

Il semble qu'en prenant ces précautions, le perspicace Bauduin ait prévu les chicanes au moyen desquelles d'avides seigneurs, tels que Wis de Villers et les d'Assignies d'Oisy, chercheraient un jour à dépouiller les saintes filles qu'il dotait. Il ne tarda probablement plus à mourir, ou du moins à se retirer des affaires du monde ; car, dès 1238, nous voyons sa charge de bailly d'Oisy occupée par son frère, Jacques d'Aubencheul. Celui-ci était déjà cité comme témoin en 1218 par l'évêque Jean ; et, en 1260, Marguerite, comtesse de Flandre et de Hainaut, nommait un Jacques d'Aubencheul, *homme noble, et son pair....* [1]

Les commencements d'Aubencheul-au-Bois n'étaient pas moins favorisés au spirituel qu'au temporel. Les seigneurs d'Oisy s'étaient emparés des dîmes primitivement établies pour l'existence du clergé et l'entretien des églises ; il les avaient

---

[1] Carp, preuves, p. 26 et 29.

distribuées en fiefs à leurs vassaux. L'abbaye de Saint-Aubert tâchait, pour sa part, de faire cesser un si déplorable abus ; elle rachetait autant que possible, avec le concours de l'excellent Bauduin, les revenus ainsi dispersés de l'autel de Scurvilers. En 1216, c'était Jacques d'Honnecourt qui lui revendait, du consentement de Bauduin agissant pour son maître, toute la dîme qu'il tenait en fief du seigneur d'Oisy sur Scurvilers et sur Vincy. Huit ans après, Adam de Masnières avait recueilli injustement une dîme sur un *sartum* ou défrichement à Scurvilers, dans la terre dite de Maurestor [1]. L'official de Cambrai le fit excommunier ; Adam reconnut ses torts, abandonna la dîme qui avait été adjugée à l'abbaye, il rendit même les trois muids d'avoine déjà reçus, et formant le tiers de cette perception. A ces conditions, il fut relevé le 24 Mars 1224, de la peine prononcée contre lui. Une autre personne de la même qualité, Gilles de Masnières [2] qui fut appelé à signer la donation d'Aubencheul, céda également à la même abbaye toute la dîme qu'il possédait sur Scurvilers à titre de fief du seigneur d'Oisy. La moitié de ce revenu avait été donnée en dot à Ivette son épouse ; celle-ci consent à la vente, moyennant compensation prise sur le reste du fief que son mari tenait du même seigneur au terroir de Gouy. Ces divers accords furent confirmés en 1229 par Jacques de Béthune, chanoine, official de Cambrai.

---

[1] La terre de Maurestor, ou Chétive Métairie, tenait au bois de Vénérolles du côté de Villers, et au bois du Géant, vers le Sud. Elle se composait d'habitations, de cent-trente-huit mencaudées de terres plus ou moins labourables, et de trente-sept mencaudées en bois. Thomas de Cantain la vendit, en 1264, aux religieux de Vaucelles pour mille livres parisis. L'inventaire de cette abbaye dit que le bois fut augmenté depuis, et qu'il contenait soixante-quatre arpents au siècle dernier. C'est le bois de Mortho, ou Morto, défriché dans sa partie méridionale depuis une quinzaine d'années. Scurvilers renfermait la terre de Maurestor, et s'avançait par conséquent plus vers le Nord que ne le fait aujourd'hui le terroir d'Aubencheul.

[2] L'historien Carpentier dit *Gilles de Manuchet*, dans le corps de son ouvrage et dans ses preuves ; mais nous lisons dans l'original en parchemin, *Egidius de Mannières* nettement écrit et plusieurs fois répété. (*Carp, 3e partie, p. 748 et aux preuves.*)

Le naissant village d'Aubencheul-au-Bois est donc constitué dans les meilleures conditions, sinon de développement, au moins de bien-être intérieur. Les dames du Verger l'ont pris sous leur maternelle autorité, elles en font protéger les habitants par les abbés de Vaucelles du même ordre qu'elles, et qui ont aussi des rapports d'intérêts avec les Aubencheulois [1]. Toutes flattées même de posséder une terre seigneuriale, elles prennent des armoiries qui sont appendues dans la salle des Etats du Cambrésis. C'est un losange surmonté d'une crosse abbatiale, et environné plus tard d'une cordelière; le fond est de gueulle au lion d'argent, et à neuf billettes du même métal.

L'abbaye de Saint-Aubert, en soustrayant les Aubencheulois aux divers seigneurs, dîmeurs avides et rapaces, se procure les moyens d'augmenter les revenus de l'autel et d'améliorer l'état du service religieux. Elle veut que Saint-Pierre, son premier patron, soit aussi celui de l'église d'Aubencheul devenue assez importante, au quatorzième siècle, pour payer alors vingt livres de taxe, tandis que Gouy en payait vingt-sept, Villers-Outreaux vingt, Lesdain seize, et Crèvecœur la même somme.

Le Verger jouissait paisiblement de ses propriétés d'Aubencheul et s'appliquait au bien-être des habitants depuis plus de vingt-cinq années, lorsqu'un certain Wis, seigneur de Villers, se donna la triste tâche de justifier les précautions prises par Bauduin. Cet homme aux allures équivoques, prétendit tout-à-coup qu'il avait droit de racheter de force, et moyennant une somme réglée par les vendeurs, le bois de Vénérolles avec les autres biens cédés à Bauduin, par son père, Thierry de Douchy.

---

[1] Un certain nombre de cultivateurs de ce village occupèrent des terres de l'abbaye de Vaucelles dans la plaine dite d'Aubencheul, sur les marchés du Géant et de Maurestor. C'est ainsi que Michel Lefranc et Paul Passet, d'Aubencheul, cultivaient au milieu du dernier siècle, près de cinq cents mencaudées de ces terres pour la plupart exemptes de dîmes.

Les bonnes religieuses qu'il attaquait, lui laissèrent la permission de prendre, durant sa vie, les tailles du bois et d'exercer sur ces terres la haute et basse justice. Puis il déclara que, mieux conseillé, il abandonnait ses prétentions de rachat; qu'il remettait même une *maalle* [1] de cens annuel que le Verger lui payait pour une mencaudée de terre au champ du Pourin, et qu'il donnait quatre autres mencaudées situées au Sart Burghest près de l'arbre de Kievrelu, promettant de faire tout confirmer par le seigneur d'Honnecourt *cui hom je suy*, dit-il, et par l'official de Cambrai. C'était en novembre, 1260.

Certaines terres d'Aubencheul étaient d'un accès difficile pour les fermiers, et assez peu productives. Marie, abbesse du Verger, en céda par conséquent au Mont-Saint-Martin vingt-six mencaudées situées au terroir de Gouy, les unes près le haut Ghizancourt, les autres au champ à Brayes (Bruyères), et la troisième pièce, un peu au-dessous de ce champ. De son côté, Robert, abbé du Mont-Saint-Martin, abandonnait au Verger *li cans li Priestre* (le champ du Prêtre), composé de seize mencaudées, sur le terroir d'Aubencheul, tenant d'une part au *Marché de l'Abbesse*, et de l'autre au *Sart à Paudasne*. Cet échange, passé en juin 1298, enlevait dix mencaudées aux religieuses; mais il favorisait les fermiers en leur procurant des terres plus rapprochées, d'un abord plus facile, d'une culture plus aisée et d'un plus grand produit. C'était accomplir le vœu favori du couvent seigneurial.

Les actes que nous consultons pour écrire ce qui précède, ne font plus aucune mention de Scurvilers désormais absorbé dans Aubencheul. Carpentier cite bien encore un Jacques Godin ou Hodin, bailli de l'abbaye de Saint-Aubert, qui prend le titre de seigneur de Scurvilers; mais, comme cette qualification n'avait sans doute plus d'objet, elle était déjà abandonnée par sa postérité dans la première moitié du quatorzième

---

[1] Maalle ou maille, monnaie de la valeur d'un demi-denier.

siècle. Au reste, il fallait si peu de terre pour constituer un titre ! Près de là, Jean d'Estrées se qualifiait seigneur du Catelet au commencement du seizième siècle ; *or, cette seigneurie ne contenait alors en tout et partout qu'environ 93 verges (33 ares) de terres sur deux rangées d'héritages*, dit l'historien du Mont-Saint-Martin.

Quant à Aubencheul-au-Bois, la destinée en sera désormais celle des localités voisines. Nous y voyons en 1545 ce qu'on nommait alors sa Justice, c'est-à-dire, son mayeur, ses échevins devant lesquels Barbe de Rocourt, vingt-deuxième abbesse du Verger, passe un acte d'échange de terre avec un habitant de Villers, et en confie l'exécution à Pierre Legrand qu'elle intitule *notre chapelain, procureur et receveur* [1].

Nous voudrions exposer ici la manière dont Aubencheul-au-Bois était administré depuis sa fondation ; mais ce travail nous conduirait au-delà des bornes que nous nous sommes prescrites. Contentons-nous des notions que présente une charte de Crèvecœur [2]. Cette loi donnée par le seigneur d'une terre à laquelle Scurvilers appartenait dans son origine, et par le principal auteur du Verger, fut signée et mise à exécution par le fondateur du village d'Aubencheul. Elle doit donc fournir une idée assez juste de ce qu'en fut l'administration, pourvu toutefois qu'on observe ce que devait avoir de maternel l'autorité de pieuses femmes. Voici l'analyse de cette pièce, selon l'ordre que nous avons tâché d'introduire parmi des articles diffus et très nombreux.

Jean, seigneur d'Oisy et de Crèvecœur, commence par déclarer qu'il veut protéger ses hommes, éloigner toute exaction, faire régner la paix, multiplier le bien être et la population de la banlieue de Crèvecœur qu'il étend du bois de Vaucelles

---

[1] Archives du département du Nord.
[2] Nous devons la communication de cette charte, à l'obligeance de M. Wilbert, président de la Société d'Emulation de Cambrai.

jusqu'à Rumilly, Masnières, Séranvillers et près d'Esne. Puis il détaille les règlements suivants :

DROITS OBLIGATIONS DU SEIGNEUR ET DES HABITANTS.

Selon cet écrit, tout homme peut venir habiter la ville de Crèvecœur, s'il n'a commis ni meurtre ni vol, et s'il promet devant l'échevinage d'observer la loi avec les droits seigneuriaux ; mais ceux qui habitent déjà les terres du seigneur, devront obtenir son agrément pour aller jouir à Crèvecœur de la *liberté* qu'il y établit.

Tout bourgeois peut quitter la ville et vendre ses biens, mais non détruire sa maison. Presque toutes les amendes seront au profit du seigneur ; néanmoins son sergent dans la commune, ainsi que le peuple, aura quelques objets confisqués ; plus, çà et là, quelques deniers provenant des amendes. Les dépositions ou accusations se prouveront soit par deux témoins, soit par serment. Le seigneur s'oblige à rendre toutes les gerbes de blé, toutes les bottes de fourrage volées pendant la nuit dans les champs, et à ne grever personne pour délit, ou crime, sans le jugement des échevins.

IMPOTS.

De leur côté, les bourgeois, qui cultivent de quatre à douze mencaudées, paieront six sous au seigneur. Pour un manse entier [1] on paiera trois sous, et le sous-hôte ne donnera que douze deniers. Ces impôts ne seront pas augmentés par l'acquisition ou l'héritage d'une terre du seigneur.

CORVÉES.

Tout bourgeois devra par an six corvées, chacune d'un jour et du travail dont il vivra. A défaut d'exécution de ces cor-

---

[1] Deux hectares, ou plus, de terre labourable, avec une habitation.

vées, le sergent du seigneur les fera remplir au compte du délinquant qui aura dû être averti deux jours d'avance. L'absent paiera huit deniers pour une journée d'homme, et deux sous pour celle d'un cheval. Quand le seigneur aura besoin de litteries pour ses gens venant à Crèvecœur avec lui, on devra les lui fournir contre deux deniers au plus. Celui qui cacherait les siennes, paierait un amende de cinq sous, à moins de prouver par-devant l'échevinage, qu'il y avait pour lui nécessité de les garder. Cependant le bourgeois et sa femme conserveront toujours leur litterie particulière.

ÉCHEVINAGE.

Quant aux échevins, s'ils ne remplissent pas bien leurs fonctions, le bailli en fera éloigner deux, et prendra conseil des cinq autres pour en établir deux nouveaux à la place des éliminés.

SURETÉ PERSONNELLE.

Les injures sont punies d'une amende de dix sous. Si une femme cherche querelle à une autre femme ou à un homme, elle paie cinq sous. S'il s'élève quelque tumulte ou guerre parmi les bourgeois, le seigneur évoquera la cause à lui ; dans le cas où les accusés ne voudront pas se réconcilier, il les jugera après avoir reçu l'avis des échevins, et obligera le coupable à réparer le tort fait à l'injurié dans sa réputation. Les coups, sans effusion de sang, sont punis d'une amende de vingt sous, et de soixante, lorsqu'il y a sang répandu. L'usage prohibé d'un couteau le jour ou la nuit, entraîne une amende de cent sous à dix livres : le coupable sera banni de la terre du seigneur, ou remis à sa discrétion ; toutefois, on lui laissera les membres saufs. Le port d'un couteau après une défense proclamée, sera puni de soixante sous d'amende et de détention temporaire de l'arme. L'auteur d'un viol sera remis à la discrétion du seigneur ; et, la peine étant subie, il ne pourra plus habiter la même ville que du consentement de la victime et de ses proches. Le meurtre sera puni de mort; la destruction d'un membre, par celle d'un membre pareil.

La violation de domicile, le jour ou la nuit, entraîne une amende de cent sous à dix livres. Le bourgeois attaqué chez lui, peut se défendre sans craindre d'être repris; s'il est blessé, il aura le tiers de l'amende dont les deux autres tiers reviendront au seigneur; il recevra en outre, de la part du coupable, une indemnité déterminée par le peuple et les échevins.

POLICE RURALE.

Cueillir de l'herbe dans la vesce ou les pois, après le mois de mai; dans l'avoine après la Saint-Jean, c'est encourir une punition de six deniers, si l'on est de Crèvecœur; et de douze, si l'on est d'ailleurs. L'auteur d'un dommage dans les jardins ou vergers réparera le tort, et donnera cinq sous au seigneur, si c'est pendant le jour; si la faute a été commise de nuit, le coupable sera remis à la volonté dudit seigneur qui ne pourra cependant lui enlever de membres. Il en sera de même pour le bris de tout instrument aratoire. Le vol de récoltes est puni de la perte de l'objet volé qui revient au garde, et d'une amende de cinq sous; le coupable doit en plus réparer le tort qu'il a fait. La même peine est prononcée contre celui qui serait trouvé portant, sans garantie, une charge coupée dans la terre du seigneur.

Les délits forestiers sont punis d'amendes qui varient entre douze deniers pour enlèvement considérable de bois sec, et soixante sous pour abattis ou enlèvement d'un gros chêne. Un étranger, passant par un faux sentier, paiera un denier; une personne de la ville, en paiera deux. Le conducteur d'une voiture causant dommage, paiera deux sous; en cas de rébellion contre le sergent seigneurial qui l'aura pris en délit, il paiera cinq sous, et réparera le dommage causé. Tout bourgeois qui laissera dans la ville un jardin vague, le perdra, sauf l'habitation, au profit de celui qui le réclamera comme d'héritage.

Le seigneur et les bourgeois ne faucheront la paille des récoltes que huit jours avant la Toussaint ; et les bourgeois n'en pourront même recueillir alors qu'environ le quart. De la moisson à cette époque, le peuple et les échevins prendront sur ces pailles des champs, de quoi en donner à ceux qui en demanderont pour couvrir des granges ou des maisons. Celui qui aurait fauché ou recueilli sa paille, contrairement à ces articles, paierait une amende de deux sous ; et ne pourrait plus en recueillir de l'année, sans une permission du peuple et des échevins.

La publication des bans d'août étant faite, celui qui sera trouvé après l'heure, sans charge, mais aussi, sans raison plausible, donnera cinq sous ; s'il porte quelque vol, il sera remis à la volonté du seigneur. Le conducteur d'une voiture qui prouvera l'avoir chargée avant l'heure du ban, pourra passer sans être inquiété. S'il est accusé de dommage sans pouvoir se justifier, il paiera vingt sous. Tout bourgeois qui cultive à un cheval une portion de la terre du seigneur, peut y semer une boisselée [1] en vesce, ou plus, à proportion du nombre de ses chevaux ; s'il dépasse cette proportion, il paiera dix sous d'amende. Quand le seigneur voudra avoir de la vesce verte, il la demandera au bourgeois, puis pourra la faire prendre comme il voudra, moyennant indemnité.

Quand un animal est trouvé en dommage sans la faute de personne, il suffit de réparer le tort, et de donner une petite composition : en cas de faute, il y aura douze deniers d'amende, si elle est commise par un simple berger du peuple ; et deux sous, si c'est un bourgeois. La rébellion contre le sergent du seigneur sera punie d'une amende de cinq sous, tant de la part du berger du peuple que de celle du bourgeois. Les amendes encourues par un simple berger seront payées par le peuple dont il gardera les troupeaux. Pour un cheval trouvé

---

[1] Boisselée, mesure agraire de 8 ares, 86 centiares.

en dommage, on paiera quatre deniers [1]; pour une vache, deux deniers; pour un troupeau d'oies, deux deniers; pour une truie, un denier; pour un porc, une obole [2]. L'amende est un peu plus forte quand il s'agit de dommage causé dans les bois taillis du seigneur, et la composition pour les troupeaux en délit sera doublée du 15 mai à la fin d'août.

POLICE DES MARCHANDS, DES OUVRIERS.

Les marchands emploieront les mesures de Cambrai, et paieront soixante sous, s'ils en ont de fausses. Ils peuvent recevoir des gages valant un tiers plus que la dette, et pour quinze jours. Passé ce temps, il demanderont paiement; s'ils n'obtiennent rien, il montreront le gage au peuple et aux échevins, puis le vendront en présence de témoins, et remettront au débiteur la partie du prix excédant la dette. Un marchand convaincu d'avoir caché sa marchandise, paiera cinq sous. Tout cabaretier convaincu d'avoir augmenté, ou enfreint de quelque manière que ce soit, le prix du vin ou de la bière fixé par les échevins, sera passible d'une amende de vingt sous, avec interdit pour un an et un jour.

Tout boulanger, avant d'entrer au four pour servir la ville, jurera d'associer justement les fournées, et de ne prendre qu'une portion convenable de la pâte, ou de tout ce qui lui sera livré concernant son métier.

Les bouchers auront quatre deniers pour tuer un porc et en arranger toutes les parties; ils en auront six pour un bœuf ou une vache, et deux pour un bélier. S'ils refusent leurs services à ce prix, ils seront interdits de tout ce qui regarde leur métier.

DETTES ET PROCÈS.

Toute assise et dette envers le seigneur, ou un homme d'ar-

---

[1] Denier, douzième partie du sou.
[2] Obole, trente-sixième partie du sou dans les archives d'Esne.

mes, ou un noble, qui ne sera point payée après avertissement dans le délai accordé, entraînera une amende de douze deniers à deux sous, selon qu'il s'agira du seigneur ou d'un autre.

L'homme d'armes cité devant les échevins pour dette envers un bourgeois, ne sera passible d'aucune amende, s'il paie dans le délai de quinze jours. Celui qui niera une dette reconnue réelle, donnera deux sous.

Dans toutes les informations pour lesquelles les échevins devront aller à Cambrai, la partie perdante leur paiera cinq sous pour dépens. Celui qui invoquera leur secours pour une affaire qu'ils ne pourraient terminer à son avantage, paiera deux sous au seigneur, et douze deniers aux échevins.

Signé par nous, Jean, seigneur d'Oisy, de Montmirail, et chatelain de Cambrai, Gervais notre chapelain, Dieudonné notre clerc, Gérard, seigneur de Saint-Aubert, Bauduin de Walincourt, Bauduin d'Aubencheul, Jacques de Marquion, Matthieu Créton, Godefroi de Cattenières, Adam de Masnières, Robert de Crèvecœur, Hugues de Revelon, Watier Brame, Amalric de Gaisnen, Jean fermier de Crèvecœur, Jean Ricoart, Watier de Revelon, nos hommes d'armes ; Bartholomée, du peuple de Crèvecœur, André, Henri de Victo (Vicq), Henri Gouber, Jean le Pêcheur, Gilbert Théodoric, Watier Lordiel, échevins de Crèvecœur.

Fait l'an de l'incarnation du Seigneur mil deux cent dix-neuf, au mois de Juillet. — Qu'il dure à perpétuité !

Les Aubencheulois occupant cinq cent treize mencaudées dans l'alleu dit la Plaine d'Aubencheul, étaient soumis aux droits de justice que les religieux de Vaucelles exerçaient depuis 1285 sur toutes leurs terres dans la seigneurie de Crèvecœur. Ces droits consistaient à faire des arrestations d'hommes ou d'animaux pris en dommage, des confiscations pour dettes; à imposer la prison, des amendes pour délits dans les terres ou les bois. Les peines prononcées contre les délinquants, et parfois aussi contre les gardes trop sévères, étaient généralement quelques semaines de prison, de cachot, ou des amendes qui ne dépassaient guère six livres parisis. Les seigneurs de Crèvecœur ayant voulu reprendre quelques-uns de ces droits en 1742, l'Abbaye protesta en faisant afficher dans Montécouvez la défense de conduire moudre les grains à d'autres moulins qu'à celui de Vaucelles ; cette défense était aussi appliquée aux Aubencheulois mentionnés ci-dessus, et à la ferme de Bonabus. Pour l'enclos de Montécouvez, la haute, moyenne et basse justice y était exercée par le prévôt de l'Abbaye qui y maintenait une prison, et y condamna, en 1690, F. D., fermier de ce hameau, à être pendu. L'accusé avait tenté d'assassiner Jean Parent, fermier de Bonnenfance, et se trouvait en triple contumace [1].

Enfin, dès 1574, et probablement beaucoup plus tôt, le village d'Aubencheul, en lui-même, était soumis aux coutumes du Cambrésis homologuées par le digne Archevêque Louis de Berlaymont [2].

---

[1] Manuscrit de la Bibliothèque de Cambrai, n° 1027.
[2] Coutumes du Cambrésis.

DEUXIEME PARTIE.

DEPUIS LA PREMIÈRE DESTRUCTION CONNUE

D'AUBENCHEUL

JUSQU'AU SECOND RÉTABLISSEMENT DE CE VILLAGE.

(De 1584 à 1660.)

Jusqu'ici, nous n'avons considéré Aubencheul que sous des points de vue favorables. Ce village dut pourtant souffrir assez souvent des guerres du moyen-âge. Les comtes du Vermandois occupaient la forteresse de Gouy, d'où ils étendaient leurs fréquentes incursions sur les terres cambrésiennes des environs. Un d'eux, nommé Othon, porta son audace jusqu'à établir à Crèvecœur un château pour en faire le centre et l'entrepôt de ses rapines. Gouy fut aussi plusieurs fois attaqué par les troupes du Cambrésis. Aubencheul, placé près de la route militaire entre ces deux localités, se ressentit certainement beaucoup des désastres du XIe, XIIe et XIIIe siècle. Mais comme les documents particuliers à ces cantons font ici défaut, nous arrivons immédiatement aux temps plus rapprochés de notre époque.

La partie méridionale du Cambrésis souffrit du XVe au XVIIIe siècle tout ce que les guerres internationales ou civiles ont de plus désastreux. Esne fut détruit, abandonné; on démantela l'église et le château : ce qui nous reste de ce dernier édifice ne date en général que de la fin du XVIIe siècle. Crèvecœur et Lesdain devinrent la proie des flammes ; le premier en 1543, et le second l'année suivante [1]. Honnecourt, le Catelet, Beaurevoir furent pris, repris, saccagés tour à tour. Villers-Outreaux perdit toutes ses habitations ; le hameau du Hanoy, qui couronnait les hauteurs entre Pienne, le Catelet et Vendhuile, n'a laissé d'autres traces qu'un ou deux buissons rabougris ; et, à quelque distance de là, Wahiercurt disparut de la carte des villages. [2]

Placé au centre de ces localités cent fois ravagées par des troupes indisciplinées, souvent mal soldées, toujours avides de pillage et de représailles, le village d'Aubencheul-au-Bois subit vingt fois toutes les horreurs de la guerre. Assez fréquemment abandonné par les habitants au désespoir, il le fut spécialement deux fois bien déterminées ; la première pour quatorze ans, la seconde pour vingt-cinq. Tel est le récit des hommes les plus anciens et les plus éclairés de la commune ; récit appuyé sur les archives de famille et sur les généalogies. Nous n'avons donc plus qu'à préciser les époques de cette double émigration et du retour des Aubencheulois aux foyers de leurs pères.

En 1521, cinq à six cents Bourguignons se signalèrent par toutes sortes de brigandages aux environs de Crèvecœur ; ils se rendirent maîtres de cette petite ville, et ils emmenèrent « tout che qu'ils purent avoir, » dit une chronique. De 1528 à 1533, les guerres et le dérangement des saisons amènent une famine si effroyable qu'une pauvre mère de Clary, après avoir, comme tout le monde, dévoré les choses les plus dégoûtantes, étouffe son propre enfant au berceau, et s'en fait un horrible

---

[1] Manuscrit, n. 884, page 113.
[2] Lettre de M. le docteur Le Glay, directeur des archives du département du Nord.

repas ; à Saint-Waast et à Quiévy, des hommes conviennent qu'un d'eux se laissera tuer pour servir de nourriture aux autres [1]. Les Bourguignons chassent les religieux de Vaucelles et dévastent leur abbaye en 1536. Sept ou huit ans plus tard, les Anglais, les Impérialistes, les Français, ravagent à l'envi la campagne de Crèvecœur, dont ils brûlent le château avec celui de Lesdain ; puis, les Français se retirent, mettant à feu' les villages d'alentour. Aubencheul est sur leur passage. Dix années se sont à peine écoulées, et les religieux Guillemins se voient expulser de leur prieuré du Val-Notre-Dame, par la violence des guerres. Leur refuge de l'Ermitage, caché dans le bois de Walincourt, au fond d'un marais noyé, entouré d'un premier mur d'enceinte, fortifiée par un large et profond fossé plein d'eau, par un rempart intérieur, ne suffit plus à leur sûreté, ils se retirent à Cambrai (1554). L'année suivante, une troupe effrénée se livre à toutes sortes d'excès dans le village de Cagnoncles ; les habitants se réfugient dans l'église ; la horde barbare livre aux flammes ce dernier asile, et tout périt dans le feu. A son tour, Philippe d'Espagne s'empare du Catelet ; son armée fait considérablement souffrir les environs pendant le siége ; elle pille et brûle l'abbaye du Mont-St-Martin, dont elle détruit les titres et disperse les religieux (1557). Cependant la paix est conclue au Cateau en 1559 ; Philippe rend le Catelet à Henri de France, et le village d'Aubencheul peut jouir d'une certaine tranquillité jusqu'en 1581.

Mais à cette époque, le duc de Parme, commandant les Espagnols, vient mettre le siége devant Cambrai ; en même temps il construit à Crèvecœur et à Vaucelles, des forts que les Français, arrivant du côté du Catelet, attaquent à plusieurs reprises sans résultat. Le duc d'Alençon envoie Fervaques avec un renfort de 4,000 Français qui stationnent au Caletet, et dont le quart seulement parvient à entrer dans Cambrai. Le

---

[1] Carpentier, première partie, page 142.

comte de Chamois, envoyé peu après Fervaques, s'avance du côté de Prémont où il est défait par Roubaix lancé à sa rencontre. Presque tous ses soldats sont tués, et cinq cents Français réfugiés dans l'église, y expirent au milieu des flammes. Enfin, le duc d'Alençon arrive lui-même au Catelet, il y passe en revue son armée, forte de 4,000 cavaliers et de 12,000 fantassins ; puis il la mène camper à Vaucelles, d'où il entre à Cambrai, le 15 août, sans coup férir. Roubaix avait levé le siége à son approche. Deux ans plus tard, le 2 septembre 1583, la gendarmerie de Cambrai, à pied et à cheval, part contre le Cateau, avec huit pièces de canon. Arrêtée à Troisvilles par des vents impétueux et des pluies diluviennes, elle tourne vers le Catelet, et laisse, en revenant à Cambrai, un canon embourbé dans Crèvecœur.

Dans l'été de 1585, survint un différend entre M. de Fontaine, gouverneur du Catelet, et Balagny gouverneur de Cambrai. Le magistrat de cette seconde ville...... « fit commandement à toute personne...... de ne trafiquer, pratiquer avec ceux du Chastelet; de plus, ni même aller, venir, passer et repasser par icelui tant allant en France qu'en retournant dans ces quartiers, qui fut un grand malheur pour Cambrai, parce que le gouverneur dudit Chastelet fit défense à ses sujets de ne rien amener à Cambrai, chose qu'on a estimé être tournée au grand dommage des habitants de Cambrai...... Balagny fit gens et les envoya camper autour du Chastelet, et dans le bourg d'icelui, lesquels y furent quelque espace...... »

Ces querelles empêchaient l'arrivée du blé, seigle et autre, grains, dont le Cambrésis avait pourtant un bien grand besoin car...... « l'année fut si contraire, que depuis environ le mois d'avril jusqu'au demi mois de juillet le bled fut si cher, que personne si vieille que ce fût, ne l'avoit encore vu si cher, car chose véritable comme *la sainte Evangile* de Dieu, le bled se vendoit quinze florins le mencaud de Cambrai, s'entend en monoie de Flandre, et n'étoit à beaucoup près si bon que celui qu'on vendoit le 2 septembre à 50 patars le mencaud ; et l'année suivante savoir de la vendue du bled, ne fut vendu que 20 patars de Flandres...... En ce temps-là tous grains étoient cher à l'avenant du bled, tellement que les pauvres gens furent contraints de manger du pain d'avoine et autres grains avec telles autres choses qu'ils pouvoient avoir, et étoit chose la plus pitoyable qui se peut excogiter, voyant les pauvres gens se promener par les rues tout exténués de chair et de sang, et si difformes qu'on eusse jugé d'aucuns avoir fait comme les singes et autres bêtes sauvages, et oioit-on enfin plusieurs enfants criant par les rues : *nous mourons de faim !* et aucuns mangeoient toutes sortes d'herbes pour remplir leur ventre, cause pourquoi plusieurs venoient enflés, comme des gens hydropiques, et y avoit des pauvres femmes qui alloient autour des roues de moulin ramasser les poussières tombantes desdits moulins, pour faire des petits tourtons ou gateaux cuits sur les braises, chose la plus mal goutable qu'on scaurait penser. » C'était en 1586 ; ajoutons que le clergé fit alors des prodiges de charité, et que la bourgeoisie n'omit rien pour adoucir ces malheurs [1].

Balagny, devenu ligueur en 1588, assiége le Catelet qui tenait pour le roi de Navarre, et qu'il n'avait pu prendre trois ans auparavant. Repoussé de nouveau, il frémit de rage, livrant aux flammes toutes les maisons du bourg avec l'abbaye du Mont-Saint-Martin et les fermes des alentours. Après son départ, le sieur De Lannoy, gouverneur du Catelet, s'empare des revenus de l'abbaye et des fermes. Cultivateurs et propriétaires ne font donc, pour ainsi dire, que changer de spoliateurs et d'incendiaires.

Cependant, Balagny occupait toujours, en sa qualité de lieutenant du roi de France, le fameux château de Beaurevoir où fut emprisonnée l'infortunée Jeanne d'Arc ; château capable de

---

[1] Mémoires chronol. de M. Bruyelle, en septembre 1586.

renfermer un bon nombre de troupes et de soutenir un siége. Balagny qui jetait dans les cachots de ce donjon MM. les chanoines de Gamin et de Forvies, coupables d'avoir voulu soustraire Cambrai à sa tyrannie [1]. Balagny, qui expulsait de l'abbaye du Verger la vénérable Hiéronyma de Saint-Amand, abbesse depuis quarante ans, et la remplaçait par la jeune intruse Marie de Hennin, plus favorable sans doute à ses vues spoliatrices; Balagny enfin, homme entreprenant, hautain et cruel, n'aura pas manqué de ravager les villages voisins du Catelet, pour ne laisser aux troupes ennemies ni vivres, ni refuge. On peut juger du sort des Aubencheulois, quand on voit en 1586, Jean de Velly, prieur du Mont-Saint-Martin, manquant du plus strict nécessaire, obligé, pour vivre, de se retirer à Bruxelles.

Henri IV, irrité contre Philippe II, « dénonce la guerre au roi d'Espagne et à tous ses sujets; il commande aux siens de la leur faire sans relâche, leur défend toute sorte de communication avec eux sous peine de la hart, révoque tous passeports et sauvegardes. » Ce sont les termes de la déclaration faite en janvier 1595. Deux mois après, le roi d'Espagne se déclare « ennemi à toute hostilité du prince de Bearn. »

En conséquence, le 10 juin de la même année, le prince de Chimay attaque le Catelet; le comte de Fuentès, qui a ordonné le siége, le fait presser à outrance pour se venger d'avoir perdu Ham au commencement du même mois. Vainement le gouverneur, Pierre de Liéramont, repousse un premier assaut; il faut céder, il se rend après quinze jours de blocus. Les Espagnols détruisent ce qui avait échappé aux fureurs de Balagny et au brigandage des gouverneurs français du Catelet. Ils s'essaient en quelque sorte à la cruauté qu'ils exerceront bientôt dans Dourlers, où ils massacreront plus de deux mille habitants sans distinction d'âge ni de sexe [2].

---

[1] Mém. chronol. de M. Bruyelle, en septembre 1589.
[2] Carp. première partie, p. 720.

Au reste, les gouverneurs français de cette forteresse étaient encore plus redoutables que Balagny et les Espagnols : car, regardant tous leurs voisins du côté de Cambrai comme des ligueurs, ils les pillaient impunément et sans remords ; ils en exigeaient des contributions exorbitantes, faisant enlever et jeter dans les cachots de la forteresse les fermiers incapables de les payer. Laissons parler un écrivain de cette malheureuse époque ; en nous disant ce qui se passait alors au nord de Cambrai, il nous fera comprendre ce qui, à plus forte raison, devait exister au sud : « Les pauvres laboureurs estoient plusieurs fois avec leurs charrues se hasardant tousiours pour tascher de continuer quelque peu la labeure n'ayant nuls moyens de vivre que venant de la : mais estoient souventefois surprins et emmenes prisonniers et leurs bestes chevalines perdues. Et estant prisonniers estoient traités à la Turquesque et pour ne point parler par cœur, j'ay vu un gesne fils nômé Martin Fiévet, le plus ionne de quatre, tous a marier, demorant à la Cense de Baillon entre Thiant et Montcheau lequel fut prins avecqs leurs chevaux et fut ramené à Iwyr, village entre Bouchain et Cambray, et illec le gehennerent lui baillant le sault de sur la tour du clocher jusques en bas avecq des cordes liées par...... (Nous n'osons transcrire) dont il ne vescut qu'environ 8 iours depuis son relaschement d'entre les mains de ces turcs a cause de la villenie qu'ils avoient cômis en sa personne. Il m'a le tout raconté avant sa mort parquoy je puis escrire pour chose vraie [1]. »

Plus loin, après avoir rapporté les horreurs, les raffinements de débauches et d'affronts commis à la prise de Lens, le même auteur ajoute : « La garnison cambrésienne continua ce pauvre et misérable jeu de tousiours piller et massacrer de pis en pis...... brusle plusieurs censses, brasseries et maisons avecq les habitants dedans. »

---

[1] Manuscrit n. 881, pages 39, 49, 77, 80.

La disette amenée par cet état de choses fut telle « que ceux de Cambray impêtrèrent du roi de France, (Henri IV), de tirer hors le royaume de France annuellement tant que la guerre dureroit ou por 5 ans couttiers mille muids de blé mesure de Paris....... quand la gendarmerie de pardeça eust abandonné, Haspres et Avesnes pour Oisy, ce fut alors que le pais environ de Cambray fut rendu inhabitable, la labeure dutout cesse par la fureur de ceux de Cambray, aussi de ceux de St-Quentin, Guise, Péronne et autres villes des frontières de France, laissant le roi de France courir ses plus par tout sans nuls resparts prenant aujourd'hui ung fort avecq des petairs demain ung autre, tellement qu'il n'y avoit forteresse qu'ils ne prinssent violentem de sorte que les gens de villages se retiroient tous es villes. » Décembre 1594, et janvier 1595. Tel était le sort des Aubencheulois depuis 1584 environ. Tout chez eux avait été mis à feu et à sang. Les religieux de Vaucelles s'étaient réfugiés à Cambrai, laissant leur maison déserte ; ceux du Mont-St-Martin avaient quitté la leur en 1584, et elle avait été rasée quelque temps après, aussi bien que l'église de Boni, célèbre alors par son pèlerinage au tombeau du Bienheureux Garembert.

Dieu permit enfin la paix de 1598 ; les fermiers des environs, incarcérés au Catelet, furent relâchés par ordre du duc de Longueville. Ceux d'Aubencheul, réunis aux pauvres ouvriers dispersés par les guerres, revinrent chercher leur village. Mais dans quel état le trouvèrent ils ? Voici comment le manuscrit déjà cité peint le spectacle qu'offrait le pays après une suspension d'armes : « Alors pauvre paysan estant libre ne sçavoit bonnement retrouver son héritaige, car le plus ny avoit nulles maisons por li bois, buissons et mauvaises herbes dont les villaiges, champaignes et chemins estoient remplis. Cestoit une chose bien déplorable de voir en quel estat ils retrouvoient les églises et temples de Dieu, sans imaiges, estant toutes rompues, les testes et mains coppées, et beaucoup d'autres infamies tellement qu'on eusse jamais dit que les vaisseaux eussent jamais ete consacre a Dieu. Les clochers qui estoient restes droits estoient sans cloches ayant été le plus rompues et emmene en Cambray. Et quand on vouloit dire messe aux villaiges, il se falloit passer de cloches. Tout le plus des villaiges n'avoient plus d'eglises sinon les fondements couverts d'epines et herbes sauvaiges et aucuns peignons. » Voilà particulièrement ce que les Aubencheulois trouvèrent à leur arrivée : car selon la tradition, ils ne reconnurent de loin l'emplacement de leur village qu'aux baies demi-brûlées du Bois-Maillard. La guerre avait fait disparaître tout le reste depuis leur fuite jusqu'à leur retour. (1583-1598.)

Cependant les habitations, ou mieux les pauvres huttes de terre et de chaume dressées, alors devaient exister à peine quarante années. Dès 1635, les Français, en guerre avec les Espagnols, viennent camper à Vendhuile sous la conduite du maréchal de Chaulnes qui leur fait ravager et brûler toute la campagne de Crèvecœur. L'année suivante, les Espagnols prennent leur revanche, en dévastant les villages qui touchent au Catelet, et en s'emparant de cette petite forteresse. On souffrit beaucoup en cette occasion, disent les historiens ; cependant on se crut encore heureux, parce qu'on n'avait plus à craindre les courses de la garnison française de cette ville.

A l'arrivée des Français à Vendhuile, et lors du sac de la campagne de Crèvecœur, le roi de France avait pris sous sa protection l'abbaye de Vaucelles dont les maisons et les terres furent épargnées. Les Aubencheulois et ceux des environs, ne manquèrent pas de s'y réfugier premièrement dans l'enclos, puis dans l'église. Mais bientôt la foule devint si grande et si pressée qu'elle corrompit l'air. On se vit obligé d'extraire ces malheureux de leur refuge, et de les conduire aux environs de Cambrai. Une forte escorte les protégea en les accompagnant jusqu'à la ferme du Boquet qui se trouvait à deux kilomètres de Crèvecœur, sur le chemin de ce village à la ville précitée.

Ceux qui ne font point partie de cette émigration, se joignent aux religieux du Mont-St-Martin chassés de leur abbaye qui fut brûlée en 1636 par les Espagnols. « Le Mont-St-Martin fut désert et abandonné de tous ses religieux depuis 1635 jusqu'à 1664, » dit l'historien de cette maison, « quelques-uns se réfugièrent dans les bois où ils vivoient comme ils pouvoient. Le Père le Mixte, prieur, fut du nombre de ceux-là ; il coupoit tous les jours quelques fagots qu'il portoit sur son dos au Catelet, tantôt aux Espagnols, tantôt aux François, selon qu'ils étoient maîtres de cette forteresse, et tachoit d'en obtenir un peu de pain pour se sustenter, et de les engager à respecter les débris de son abbaye par la douceur de son caractère et de son éminente sainteté. »

En même temps, Honnecourt sert de repaire à une troupe de flibustiers qui mettent les villages à contribution, et répandent la terreur jusqu'aux portes de Cambrai. Le sieur de Maugré, officier plein d'intrépidité, part envoyé par le gouverneur de cette ville, arrive à Honnecourt, en fait sauter une porte, extermine les coupables et rase les fortifications dont quelques débris seulement se sont conservés jusqu'à nos jours. Vers la fin d'octobre de 1637, le colonel Gassion fait une course dans le Cambrésis à la tête de huit cents chevaux; il brûle Lesdain et les autres habitations qu'il rencontre en se dirigeant sur le Catelet dont il est sur le point de prendre la garnison qui est allée au bois. A son tour, le prince du Hallier campe à Vaucelles, d'où il assiége et prend le Catelet. (14 7bre 1638.) Quatre ans après, le maréchal de Grammont s'établit avec ses troupes à Honnecourt, dans un lieu qu'on nomme encore aujourd'hui *les tranchées ;* il s'y laisse surprendre et battre par les Espagnols. Le combat se prolonge jusque dans Bantouzelles, où les habitants, avec ceux des environs, courent se réfugier dans l'église. Il y succombe une foule de soldats, dont les squelettes sont aujourd'hui découverts à tout moment. (26 mai 1642.) Cinq ans plus tard, Gassion et Rantzau campent encore à Vaucelles. (26 mai 1647).

Lorsqu'en 1649 les Français investissent Cambrai ; ils arrivent des environs d'Amiens ; tout en louvoyant, une de leurs colonnes rencontre entre Montécouvez, le bois des Ardissarts et Lesdain, un des détachements espagnols échelonnés de ce côté, selon l'historien Dupont, pour défendre les approches de la ville. Les Espagnols furent repoussés, et la colonne continua sa route par Vaucelles sur Cambrai. Puis, le vicomte de Turenne, ayant embrassé le parti des princes de Condé, de Conti, du duc de Longueville, prisonniers à Vincennes, s'empare en 1650 du Catelet qui est repris en 1655 par M. de Castelnau. Le fléau de la guerre avait frappé moins fort depuis trois ans, il revint en 1658 ; Turenne investit Cambrai à la tête de sa cavalerie française, et fait commencer la circonvallation. Pendant qu'on y travaille et que les Espagnols délibèrent sur cet incident ; Condé, assez malheureux pour prendre leur parti, se trouve dans le voisinage ; il trompe la vigilance de Turenne, pénètre dans la citadelle avec trois mille cavaliers, et fait lever le siège. Enfin, depuis la rupture de la paix en 1636 jusqu'en 1660, « Cambrai fut tenté trois fois par les Français, et le Cambrésis ravagé ou harcelé tous les ans par cette longue et funeste guerre » dit l'historien Carpentier.

Dieu jeta cependant un œil favorable sur la France et notre malheureuse contrée. La paix des Pyrénées se conclut en 1660, cimentée par le mariage de Louis XIV avec l'infante d'Espagne. Condé, combattant pour ce pays, avait perdu ses biens en France, et reçu des Espagnols, à titre de dédommagement, Rocroy, Linchamp, Avesnes, le Catelet : il abandonne ces forts à son roi et rentre en grâce avec lui. Aussitôt les environs commencent à respirer ; les Aubencheulois, éloignés de leurs foyers depuis 1635, se livrent à l'espérance, s'encouragent, se concertent, et reviennent après vingt-cinq années d'infortunes et d'angoisses. Mais hélas ! tout avait été réduit en cendres dès le commencement de l'émigration. Ils ne retrouvent que ce que leurs pères avaient retrouvé soixante-deux ans plus tôt. Les buissons du Bois-Maillard, et quelques monticules de ruines cachées sous les ronces, s'offrent seuls aux regards éplorés de ceux qui viennent reconnaître leurs foyers sous les cendres et les décombres.

L'abbaye de St-Aubert possédait les cures, ainsi que les dîmes d'Aubencheul-au-Bois en Cambrésis, et d'Haplincourt en Artois ; le couvent du Verger avait la plupart des terres et la seigneurie du village qui nous occupe. Envoyés et soutenus par ces deux maisons, les jeunes époux Jean-Philippe Delevacque et Antoinette Savary, âgée de vingt-trois ans, viennent d'Haplincourt et de Ruyaucourt avec quelques ouvriers ; ils construisent à la hâte sur des terres en friches, deux fermes dans la Grande-rue où sont aujourd'hui celles de MM. Prosper et Hyacinthe Passet. Les dames du Verger érigent à grands frais et en fortes pierres de taille, une espèce de château-fort avec une ferme sur le terrain borné par la rue de l'Eglise, la rue d'En-haut, la Grande-rue et le chemin de Villers ; elles y ajoutent le terrain formant l'angle de la rue de l'Eglise avec la rue de Villers ou de l'Echelle, et qu'on nomme encore aujourd'hui *le Jardin de Madame*. La ferme avec le château est occupée par Félix Caron, premier mayeur des Aubencheulois rentrés sur leur sol natal.

Autour de ces nouvelles habitations, Loubry construit une forge ; Lévêque, Grau, Deboucq, Dessains, Dessenne, Guéguin, Carpentier, Milhem, Ferlier, Ficheaux, Bernard, Biar, Simon, Val, Bancourt, Noblécourt, Dubois, Caré, Faucon, Dazin, Savary, Malézieux, Lanthoine, Coupé, Pattée, Dambraine, Gressier, Thibaut, Billon, Domont, Bantigny groupent d'autres fermes ou de simples chaumières en paillotis dans la rue d'En-bas, la rue d'En-haut la Grande-rue et la rue des Juifs. En même temps, Chauwin arrivant d'Havrincourt, rebâtit la ferme de Pienne, et Bernard construit vis-à-vis, un peu à l'Est, celle qui portera son nom, mais qui a disparu depuis longtemps.

Dès lors la population s'occupe d'agriculture, des bois et du tissage. Les femmes confectionnent avec les lins d'Ewars, d'Iwuy et de Somain, ces fils déliés dont les hommes tissent les plus belles batistes pour St-Quentin. Quelquefois aussi ces fils sont vendus aux marchands d'Esne qui les transportent à Fontaine-au-Pire, à Bévillers, à Avesnes-lez-Aubert, etc., où on les met en œuvre pour Valenciennes. Cette population laborieuse, calculée d'après le rapport qui se trouve entre les naissances, les mariages, les décès et le nombre actuel des personnes dans ce village, dut être de cinquante-cinq individus au moment du retour en 1660 ; de quatre-vingt-onze en 1661 ; de cent quarante en 1665 ; de deux cent trente et un en 1670 ; de trois cent cinquante-huit en 1680 ; et de trois cent soixante-dix-sept en 1690 ; progression rapide qui diminue naturellement lorsque les Aubencheulois dispersés ont peu à peu regagné le sol paternel, et quand les étrangers cessent d'y arriver.

Dieu n'est pas oublié par ces hommes qui comprenaient tout le besoin de sa protection. Des comptes de fabrique dressés vers 1664, portent déjà la balance des recettes et dépenses pour frais du culte, et pour la recouverture de l'église avec la paille recueillie dans les fermes voisines, pour le luminaire et pour les dépenses de la confrérie des trépassés. On y lit une contribution de sept florins [1] et demi pour l'église, et l'imposition d'un esquelin [2] par ménage en faveur de la maison curiale. A l'époque de ce règlement de compte, les Marguilliers de l'église, aussi bien que les Mambourgs [3] des pauvres et des trépassés, quittent leurs fonctions en désignant eux-mêmes leurs successeurs. L'église ne consistait alors

---

[1] Monnaie valant 1 franc, 23c. 46 m.
[2] Monnaie d'environ trente-sept centimes.
[3] Mambourgs, protecteurs, tuteurs.

qu'en certains murs délabrés, recouverts à la hâte avec un peu de chaume. Elle fut depuis totalement rebâtie par les religieux de St-Aubert, les dames du Verger et les Aubencheulois. Relevée à diverses reprises, elle n'était terminée que vers 1691, époque à laquelle Henri Denis, célèbre abbé de St-Aubert, rétablissait les étangs de Crèvecœur, achevait l'église de Selvigny et le moulin d'Haucourt.

Plus tard, un certain nombre de personne eurent leur sépulture dans cette église. On compte parmi elles M. Salé, curé d'Avesnes-le-Sec, mort à Aubencheul dont il avait été prieur; M. Rousselot, curé de la paroisse, tous deux inhumés dans le chœur; le premier en 1728, le second en 1736; Antoinette Savary, veuve de Jean-Philippe Delevacque, décédée à l'âge de quatre-vingt-douze années en 1729; deux enfants de Paul Passet, l'un en 1736, l'autre en 1738; le fils d'Eustache Lanthier, de Montécouvez, à l'âge de douze ans (1742); la fille du même fermier, nommée Marie-Josèphe, âgée de vingt-deux ans, morte le même mois et la même année que son frère; le fils d'Alexandre Passet, âgé d'un jour. Enfin, Ambroise Passet, greffier de la commune, et Marie Augustine Taffin, son épouse. Ces huit dernières personnes furent inhumées dans la nef, non loin du chœur. Quant à la maison curiale, on l'érigea sur les terres des dames du Verger, aux mêmes conditions que l'église, et en même temps que le château. Cette maison fut remplacée depuis par un presbytère établi vis-à-vis, et tenant à l'église. Ce presbytère, construit en 1836 sous M. Ildéfonse Passet, maire de la commune, et M. L. B. curé de la paroisse ne coûta que trois mille francs de bâtisse. Cette somme égalait presque le total des impositions d'Aubencheul; mais elle fut allégée par le gouvernement qui fournit cinq ou six cents francs. La clôture de la cour et du jardin occasionna une dépense additionnelle de trois cents francs.

La commune d'Aubencheul est donc enfin reconstituée : elle a son seigneur, le couvent du Verger; son mayeur, Félix

Caron ; un pasteur qui n'est qu'à deux kilomètres ; c'est Jean Guérin, curé de Villers-Outreaux, qui commence un regître de baptêmes en 1664, et y signe Guérin, desserviteur d'Aubencheul. Cependant, Gaspard Nemius, archevêque de Cambrai, se plaint que l'insuffisance des revenus de la cure empêche depuis une longue suite d'années, d'y avoir un propre pasteur, et déclare qu'il veut mettre fin à ce qu'il nomme justement « le grand dommage des âmes. » La chapellenie, fondée par Bauduin « en l'honneur ou à l'autel de la bienheureuse Vierge Marie dans l'église paroissiale » en la terre d'Aubencheul, n'est qu'une sinécure, dit-il ; et on la voit en effet souvent occupée par des prêtres étrangers à la paroisse, et quelquefois au diocèse. Il prend donc l'assentiment de l'abbé de St-Aubert, collateur du titre, et le réunit à la cure après quelques autres formalités. De sorte que le pasteur à venir et ses successeurs, devront jouir à perpétuité de tous doits, revenus, provenances, émoluments et appartenances de ladite chapellenie, aussitôt la cession ou la mort du titulaire qui était alors un ecclésiastique nommé Jean Pierson. L'acte de Gaspard Nemius est daté du 16 juillet 1666.

Mais Jean Pierson ne résilia son titre ou ne mourut que huit ans plus tard ; car c'est seulement à dater de 1675 que l'on trouve dans cette paroisse un pasteur spécial, commençant à signer au regîtres de baptêmes, Jean Treca, curé d'Aubencheul. Les actes baptismaux y sont au nombre de trois cent trente-six depuis 1665 jusqu'en 1694. A cette époque, un nouveau regître ouvert par M. Matthieu, autre curé d'Aubencheul, commence à porter non plus seulement les actes de baptêmes, mais encore ceux de mariages et de décès ; ces inscriptions accusent, dans les six dernières années de ce siècle, cinquante-trois naissances, dix-huit mariages et vingt-deux morts. Le 1er janvier 1700, Jérôme Loubry et Marie Dubois renouvellent à l'église, en présence de M. Lecat, curé du lieu, leur consentement de mariages. Tous deux avaient ignoré de bonne foi un empêchement de consanguinité.

Cinq ans après, on trouva dans le village une pauvre créature dont on ne put découvrir les parents ; elle fut tenue sur les fonts et élevée par des personnes charitables qui lui donnèrent les noms de Marie-Marguerite. Le 29 octobre 1728, un autre enfant, à peine âgé de quelques jours, était trouvé sur la place vis-à-vis de l'église. Louis Domont et Reine Caron, l'adoptèrent pour filleul, et le nommèrent Bernard Delaplace, par allusion au lieu où il avait été recueilli. Cette pieuse Reine Caron était fille du mayeur Bernard Caron, honoré quelque temps auparavant d'une bienveillance presque analogue : le 12 décembre 1726, M. Salé, prieur d'Aubencheul et chanoine de Saint-Aubert, était parrain d'un enfant de ce fermier du Verger, avec Madame Florence Verbiest, abbesse dudit couvent, laquelle se fit représenter par une femme de la paroisse où il venait de se passer un évènement d'une certaine importance. Un soir d'hiver le sieur Chauwin, fermier à Pienne, revenait du Catelet, muni d'une forte somme d'argent. Des brigands l'arrêtèrent et firent mine de vouloir l'assassiner. Chauwin se recommande à St-Liéfard, patron des voyageurs et des laboureurs ; à l'instant ses deux chiens se ruent d'eux-mêmes sur les malfaiteurs et les tiennent occupés, tandis que leur maître regagne son logis et voue la restauration de l'antique chapelle du hameau. L'oratoire ne tarde pas à s'élever, à recevoir une foule de pieux visiteurs et à devenir comme une consolation anticipée du fâcheux état qui va peser sur Aubencheul.

En 1731 on y baptise les enfants de Montécouvez ; le Bois-Maillard est cité comme faisant partie de la cure d'Aubencheul ; M. Pierre Bauduin qui en était pasteur vient à mourir ; M. Rousselot arrive à titre de curé en 1732, et l'année suivante l'église est interdite. Il faut porter les enfants à Villers pour qu'ils reçoivent le baptême ; ainsi Pierre Dessenne, né à Aubencheul en 1733, et mort en 1820, avait été baptisé à Villers pendant l'interdit. L'année d'après, 1734, M. Henninot est nommé vicaire de M. Rousselot ; il rédige en la forme suivante les actes religieux où son curé ne signe plus : « Après la publicaton de trois bans faite en l'église de Villers-Outreaux qui m'a été assignée pour les offices pendant le temps de l'interdit. » En 1735, mêmes rédactions au bas desquelles on lit : Henninot subdélégué de M. le curé d'Aubencheul ; et l'année suivante, il prend le titre de desserviteur d'Aubencheul. Cependant, M. Rousselot meurt le 1er novembre de cette même année 1736, et il est inhumé trois jours après, dans le chœur de l'église. L'acte de sépulture portait *Messire Charles-François Rousselot ;* le titre de *Messire* y est raturé, on l'a remplacé par celui de *le sieur.* Il est probable que l'interdit fut levé à cette époque ; car le vingt-cinq du même mois on inhumait dans l'église l'enfant du Paul-Ambroise Passet ; et les bans y étaient publiés, les mariages bénis en février 1737 par M. Bertrand, devenu curé d'Aubencheul. Les causes de cet interdit sont peu connues. L'abbé de St-Aubert nommait à la cure, et l'archevêque de Cambrai conférait les pouvoirs spirituels, comme nous le voyons spécialement dans une lettre adressée par l'abbé Povillon à l'Archevêque Vanderburcq ; il y avait probablement quelques défaut d'accord à ce sujet. Ce qui est certain, c'est que nous nous trouvons dans une époque de froideur entre les deux autorités.

Quoi qu'il en soit, ce désagrément ne fut pas le seul que les Aubencheulois eussent à supporter alors. Dès le dix juillet 1735, un vent violent ne cessa de souffler jusqu'au quinze ; alors ce fut un bourrasque, un ouragan, une trombe qui vomit une nuée de sauterelles extraordinaires : « Il y en avait de vertes, de noires, et de rayées de noir et de vert ; elles avaient la tête dure ; elles n'avaient que huit à douze pattes, quatre ou six pattes pardevant, et autant par derrière, par le moyen desquelles elles s'élançaient de plante en plante d'une manière particulière. Quand elles avaient mangé d'un côté les foins des champs, pois, fèves, etc., ce qui se faisait en peu de jours, et qu'il ne restait plus rien en cet endroit, on les voyait marcher en grosses bandes vers un autre lieu. On craignit pour les grains ; elles y allèrent en effet, mais elles ne mangèrent que les herbes qui étaient dedans [1]. » Elles infectaient l'air de leurs excréments et corrompaient l'eau des puits où elles tombaient. Des prières publiques eurent lieu à Villers pour la délivrance du fléau. Ces insectes n'y laissèrent, ainsi qu'à Aubencheul, ni feuilles aux haies, ni légumes aux jardins ; puis formant entre ces deux villages, une bande plus compacte que jamais, ils gagnèrent l'humide bois de Mortho, et y périrent vers la fin du mois. Six semaines après, l'air de ce bois n'était pas encore purifié des émanations putrides de leurs cadavres innombrables et d'une grosseur démesurée. L'imagination des Aubenchelois s'exalta, elle trouva du sortilége dans ces sauterelles et dans leur manière d'agir [2]. Mais on sait qu'il n'est probablement question ici que du criquet émigrant, *grillus migratorius*, souvent appelé simplement sauterelle dans les traités d'histoire naturelle et d'agriculture. Des bandes de ces insectes se montrent assez souvent dans le midi de la France à la suite de grandes tempêtes. C'est ce qui est encore arrivé le 18 juillet 1858, au Bourg-d'Oisans, près Grenoble.

Depuis le commencement de ce siècle jusqu'à l'époque à laquelle nous sommes arrivés, le village d'Aubencheul avait eu deux fois à souffrir toutes les misères qu'amènent les hivers extraordinaires et la disette qui en est généralement la suite. Nous lisons dans les mémoires chronologiques déjà cités : « L'an mil sept cent et neuf qu'on appelle la chère année ou l'année du grand hiver, a été remarquable par une gelée des plus excessives qui dura près de trois mois...... Elle fit cesser tout à fait le commerce, les gens de mestier ne pou-

---

[1] Mémoires chronologiques édités par M. Bouly.
[2] Récit des anciens de Villers et d'Aubencheul.

voient plus travailler ; ce n'étoit qu'à force de feu dans les caves qu'ils pouvoient faire leur travail ordinaire...... Une grande partie des arbres fruitiers, principalement les noyers et les vignes, furent exterminés..... Il tomba beaucoup de neige. Enfin, l'air plus doux attendu d'un chacun arriva le dix-huitième jour de mars, il dégela une bonne fois...... La campagne étant délivrée de toutes ses neiges, les laboureurs faisant une revue de leurs terres, s'aperçurent que la racine des grains étoit pourrie. Peu de terres furent à l'abri de ce malheur..... Le blé valoit quatre florins le mencaud, mais quand on sut que tout étoit manqué, il monta à un très haut prix. L'orge, l'avoine, les pois, les fèves, le son devinrent le manger ordinaire des pauvres. La famine étoit générale, il ne venoit pas de blé des autres provinces. Une seule chose a beaucoup assisté le peuple ; on amenoit assez bonne quantité d'un certain grain qu'on appelle de la pamelle ; je crois qu'on alloit chercher cela en France. »

On prit toutes les précautions voulues dans ces calamités ; le bourreau fut même chargé par le magistrat de Cambrai de parcourir les rues de la ville et d'abattre avec une massue tous les chiens qu'il rencontrerait. Les curés, les couvents, Fénélon firent des prodiges de charité ; les riches multiplièrent leurs aumônes. Néanmoins, la mauvaise nourriture engendra plusieurs maladies, entr'autres une fièvre pourprée qui enleva beaucoup de monde. Hâtons-nous d'ajouter que la mortalité ne s'accrut pas à Aubencheul d'une manière sensible, ce qui donne à croire que ce village souffrit moins que ceux des alentours. Aurait-il échappé à la disette par les charités du couvent du Verger, de l'abbaye de Saint-Aubert; et par le dévouement du nouveau curé, l'abbé N. Boniface, arrivé en cette commune au moins de mars de la même année ?

En tout cas, Aubencheul fut moins heureux au temps de la seconde épreuve arrivée en 1749. « La gelée commença le 6 de janvier le même jour que celle de 1709, elle dura jusqu'au neuf de mars. Elle ne fut pas moins rude ni moins opiniâtre que celle-ci, on a même remarqué qu'elle la surpassa pendant quelques jours, principalement le samedy, neuf janvier, le dimanche et lundi suivant. Le dix de ce mois, il fit un si grand vent de bise (du nord) qu'il étoit presque impossible d'y résister. Plusieurs voyageurs que la nécessité a obligés de se mettre en chemin ces trois jours, sont morts de froid..... L'orge de mars dans le temps de la semaison a valu 24 florins la rasière [1]; la pamelle, 19 florins la rasière; le bled, 12 florins le mencaud [2]; le soucrion 8 florins la rasière; l'avoine 4 florins; le beurre 14 patars [3] la livre; les œufs 10 patars le quarteron; la viande 7 patars la livre; le pain, 18 patars; l'huile de lampe, 9 patars la livre; une couple de pigeons 12 patars; la bière 4 patars et quatre doubles....... [4] 1° Le 18 juillet 1740, on commença à faire la garde dans les villages; cinq hommes, jour et nuit, étoient de garde. Ce n'étoit pas sans raison, car la campagne commençoit à se remplir de voleurs. Après la moisson, il n'y avoit plus que trois hommes depuis une heure devant le soleil couché jusqu'à une heure après le soleil levé. 2° Dans le même mois, on ne vendoit plus de blé aux paysans sans le billet de leur pasteur, signé du maire qui devoit marquer le nombre des personnes dont la famille étoit composée et leurs besoins..... 8° Ordonnances aux collateurs de payer aux curés leurs gros en nature...... 10° Le parlement de Douai régla les rendages un tiers en nature, le reste en argent : Savoir 4 florins 16 patars, au lieu du mencaud de blé..... 15° Les magistrats du Cambrésis firent distribuer aux pauvres de la compagne, du riz à proportion de ceux de chaque communauté [5]. »

---

[1] Rasière, mesure de 84 litres, 39 centilitres.
[2] Mencaud, mesure de 56 litres, 26 centilitres.
[3] Patar, pièce de la valeur de 6 centimes 17 millièmes.
[4] Il fallait cinq doubles pour un patar.
[5] Mémoires chronologiques de M. Bouly.

Quoiqu'on eût défendu à Cambrai de faire du pain mollet, pain blanc, des gâteaux, des tartes, de la poudre à poudrer ; quoique le clergé, les abbayes, les administrations eussent multiplié les aumônes sous toutes les formes, soupes, pain, grains, argent ; la misère fut extrême, la mortalité extraordinaire. Cambrai compta huit mille pauvres avoués et douze cents décès. La disette exerça ses rigueurs jusqu'à la moisson de 1741. Depuis la seconde moitié de l'année précédente jusqu'à cette époque si désirée, la plus grande partie des habitants d'Aubencheul prirent pour nourriture la ficaire [1], la terre noix [2], la cerise sauvage, les fruits de la ronce, de l'églantier, du prunelier, du coudrier, de l'aubépine, du hêtre, jusqu'aux glands disputés aux sangliers, et ensuite réduits en farine, ou cuits comme des châtaignes. Aussi la mortalité qui, dans les dix années précédentes, n'allait qu'à une moyenne de neuf personnes par an, s'éleva tout-à-coup au chiffre énorme de quarante-trois en 1740, de vingt-trois en 1741, et de trente-trois en 1742, donnant encore malgré cela, les nombres de dix-neuf et de quatorze décès en 1744 et 1745. Cette infortunée commune perdit donc dans cette famine et les maladies qui en furent la suite, le quart environ de sa population. Mais, par un singulier contraste, le nombre des mariages, et principalement des naissances, s'accrut à cette époque pour ne commencer à diminuer qu'en 1745 [3].

Les dîmes ou contributions prélevées sur les récoltes des champs, des jardins et les produits des basses-cours, se ressentirent notablement du fléau. Abandonnées, selon toute

---

[1] Plante de la famille de Narcissées, connue à Aubencheul sous le nom de *Queudron*. On l'y emploie encore vulgairement en salade au printemps.
[2] Plante de la famille des Ombellifères dont la racine, de la forme d'une noix, est encore mangée par les enfants dans les champs, et dont les Autrichiens font usage dans leur cuisine.
[3] Regitres des baptêmes, mariages et inhumations mis à notre disposition par l'obligeance de M. Clavier, maire de la commune.

probabilité jusqu'en 1743, elles ne rapportèrent cette année sur le territoire d'Aubencheul que 101 *f.* 7 *s.* 4 *d.* [1],

Un monument remarquable pour la localité allait s'élever pour la pieuse édification des Aubencheulois. Autorisés par Mgr l'archevêque de Cambrai le 8 mars 1759, les religieux de Vaucelles érigèrent à cette époque un des plus beaux calvaires du diocèse. Ils le placèrent à l'entrée d'Aubencheul, dans l'angle formé à l'ouest par les chemins du Barbaquenne [2] à Villers, et de Montécouvez à Gouy. Ce calvaire, qui faisait l'admiration des voyageurs, disparut à la tourmente révolutionnaire. Mais afin d'en perpétuer le souvenir, la famille de M. Passet-Thierry en fit depuis placer un autre qu'elle entretient à quelques pas de l'ancien.

Dix-neuf ans plus tard, la commune de Crèvecœur essaya de soustraire aux familles les moins aisées d'Aubencheul un avantage dont elles jouissaient de temps immémorial ; c'était de glaner, de recueillir l'éteule et l'herbe en trame ou en verdure, de mener paître les petits et même les grands troupeaux sur le territoire du Bois-Maillard et autres dépendances de Crèvecœur. Il en résulta entre les deux communes un procès commencé en 1778, tantôt perdu, tantôt gagné, et auquel la révolution mit fin, en laissant les choses dans une juste tolérance comme elles le sont aujourd'hui.

Tandis que les Aubencheulois soutenaient ce procès contre des droits seigneuriaux périmés par l'usage avoué, M. d'Assignies, comte d'Oisy, intentait aux dames du Verger une chicane tendant à exercer dans leur enclos, les droits de chasse et de justice seigneuriales. Dès 1614, les magistrats de ce bourg avaient fait brûler vives dans Oisy plus de la moitié de ces pauvres femmes sous prétexte de commerce avec le démon ; d'autres subirent le même supplice dans la prison du même lieu ; on craignait l'indignation du peuple.

---

[1] Manuscrit, n° 638.
[2] Barbaquenne désigne ici une fondrière entre deux berges fort élevées.

Une de ces infortunées, la jeune converse, du nom de Philippa Chocquart, était parvenue à s'évader; elle fut reprise sur les terres du seigneur d'Arleux qui la fit aussi expirer dans les flammes. Le sire d'Oisy osa se plaindre qu'on lui eût enlevé l'horrible honneur de faire exécuter lui-même l'innocente malade. Accablées de misères en 1641, ne recevant plus rien d'Aubencheul désert, les religieuses du Verger représentaient au roi qu'elles avaient été pillées quatre-vingts fois par les Allemands, les Croates et les Français, qu'elles avaient dû se réfugier à Douai. Leur état parut si digne de compassion qu'il fut défendu à leurs créanciers d'exercer pour le moment toutes poursuites contre elles.

Mais là ne devaient pas se borner leurs tribulations; le comte d'Oisy, violent et capricieux, revendique devant les tribunaux les droits cités plus haut; il va jusqu'à révoquer en doute la valeur et l'authencité de la donation de Jean de Mont-Mirail faite en 1227. S'il gagne son procès, les religieuses vont perdre leurs biens sur Oisy, et probablement leur seigneurie d'Aubencheul, dont la donation peut être annulée par les mêmes motifs que celle du Verger. Il faut lire les arguments de ce procès pour voir à quelles inepties l'esprit de chicane peut descendre. Ce n'était donc qu'une indécente querelle d'un seigneur éhonté voulant prendre ses ébats, avec ses semblables, dans le chaste enclos de cinquante-sept religieuses; tandis qu'il obligeait sa femme à se réfugier dans un monastère d'Arras. Aussi, les tribunaux en firent prompte justice à la confusion du sire d'Oisy. Hâtons-nous d'ajouter que la plus grande régularité, la plus édifiante piété régnait dans le couvent, comme il est constaté aux procès-verbaux des inspections faites chaque année par l'abbé de Vaucelles, visiteur et vicaire-général de Cîteaux. Nous citerons entr'autres la minutieuse inspection qui eut lieu en 1768, lorsque Victoire Lansiarre était abbesse de cette maison [1].

---

[1] Voir à la Bibliothèque communale de Cambrai, le volume n° 4985; et aux Archives départementales à Lille, boîte et rouleau du Verger.

Cependant, les peines et les appréhensions amenées par ces diverses attaques, les prétentions du Maugré, la mauvaise volonté des fermiers dans le paiement de leurs rendages déjà si minimes, dégoûtaient ces pauvres religieuses d'un village qu'elles s'étaient plu à embellir autrefois, elles démolirent le château, et en vendirent les débris. Cette ressource ne fut pas inutile à un couvent assez nombreux, qui n'avait pourtant que 7000 livres de revenus en 1725, et qui ne pouvait les augmenter avec les besoins du temps. La fâcheuse coalition des fermiers ne permettait pas de suivre le mouvement des valeurs territoriales.

Que n'avaient-elles aussi vendu leurs fermes pillées dès 1788, notamment celles qu'occupaient Lamotte et Augustin Passet ! Il s'était formé dans cette commune une association de malfaiteurs avec ramifications dans les villages voisins; les trois principaux meneurs de ce pillage furent arrêtés, fouettés et marqués sur la place publique; d'autres, gravement compromis, prirent la fuite pour quelques temps. Mais, élevés plus tard comme héros de la république, ils furent placés à la tête de la commune; de là tous les malheurs qui fondirent sur Aubencheul, particulièrement de 1792 à 1796. Après le sac des fermes dont nous venons de parler, huit dragons furent envoyés jusqu'à la moisson pour le maintien de l'ordre matériel, et ne firent qu'y corrompre l'ordre moral.

Nous avons cité la révolution de quatre-vingt-dix. Ce torrent dévastateur porta ses ravages jusque dans la petite commune d'Aubencheul. Le mayeur et les échevins, hommes probes, et notables pour la localité, furent remplacés par un maire et des conseillers choisis dans la classe où l'on prit alors la plupart de ceux qui couvrirent la France des flots de son sang. Si le nouveau maire montra de la modération, il ne tarda pas à être annulé par ses conseillers municipaux. La nouvelle adminstration menaça toute propriété ancienne et tout homme trop vertueux pour l'époque. Le vénérable M. Carion, curé de la paroisse depuis vingt ans, fut spécialement le but de ses attaques. Jamais il n'avait rien omis pour que les Aubencheulois conservassent la foi de leurs pères. Une célèbre mission fut donnée à Villers au moment du jubilé de 1776; le Père Colignon expira en chaire, en prêchant sur l'amour de Dieu ; et à la suite de cette bienheureuse mort, ce fut un élan de conversions dans Villers et les environs. Il y eut un tel retour à la religion qu'on en garde encore aujourd'hui le souvenir, et qu'il a suffi d'y faire allusion à la mission de 1855, pour toucher tout l'auditoire et en tirer des larmes de componction. Le saint prêtre conduisait toutes ses brebis aux exercices de cette prédication, laquelle produisit de beaux fruits qu'il s'efforça de conserver ensuite. Aux approches de la constitution civile du clergé, les prônes, les catéchismes, les conversations même du pasteur prévoyant, roulaient le plus souvent sur ces paroles de l'Ecriture : *Que n'amasse pas avec moi ne fait que disperser.... Tu es Pierre et sur cette pierre je bâtirai mon Eglise, et les portes de l'enfer ne prévaudront point contre elles.... Je vous donnerai les clefs du ciel...... Si quelqu'un n'écoute pas l'Eglise, qu'il soit comme un payen et un publicain, etc.*

Prêchant d'action, encore plus que de paroles, M. Carion pansait les maux du corps en même temps que ceux de l'âme, et ne donnait d'autres bornes à sa charité que celles de toutes ses ressources. Enfin, il venait de couronner tant de mérites par un courageux refus de serment à la constitution civile du clergé. De là grande édification parmi les fidèles ; mais aussi grande irritation chez les membres de municipalité. Ils se réunissent un dimanche dans le cabaret tenu par l'un d'eux ; bientôt la bière ne suffisant plus aux *citoyens*, il leur faut des *citoyennes ;* il s'en présente ; mais ce sont des habituées, il en faut de nouvelles. A l'issue des vêpres, M. Carion occupait dans l'église de pieuses personnes à chanter des cantiques en l'honneur de la plus pure des vierges; il préludait à la dévotion du mois de Marie qui fut établie dans cette paroisse en 1836 par un de ses successeurs. Le comité expédie l'ordre au curé *réfractaire*, (c'était ainsi qu'on appelait tout prêtre fidèle à sa conscience) de cesser les chants; et aux jeunes *fanatiques*, (épithète de la vertu) de se rendre au cabaret du civisme. M. Carion et toute l'assistance refusent hautement; les pères et mères enlèvent leurs filles à la brutalité des *patriotes ;* et le pasteur, avec ce qui reste d'assistants, se prosterne au pied de l'autel, invoquant Dieu pour ses pauvres ouailles.

La municipalité eut sa revanche, elle dénonça le respectable vieillard, elle aida même à l'arracher de sa pieuse demeure pour le traîner dans les prisons. Mais que faire d'une victime dont la tête blanchie et déjà penchée vers la tombe, semble vouloir y aller d'elle-même ? M. Carion est donc relâché après quelques mois de détention ; et il revient mourir saintement en 1791, à Aubencheul, où, du reste, il ne vivait pour ainsi dire plus que de la reconnaissante charité de ses paroissiens.

Le pasteur dévoué n'avait point porté sa tête sur l'échafaud, les patriotes trouvèrent moyen de se dédommager. Après sa mort, ils soudoyèrent un malheureux qui, le lendemain de l'inhumation rouvrit la tombe, déroula les vêtements sacerdotaux qui recouvraient le saint prêtre et s'en revêtit ; il plaça sur sa tête le bonnet de chœur, prit en main le calice de cire, longea les rues, criant, hurlant, se débattant comme un forcéné. Les prières, les larmes, l'horreur des braves Aubencheulois vengèrent ce sacrilége outragé. L'auteur lui-même, torturé par sa conscience plus encore que par la réprobation publique, quitta la commune pour aller mourir de misère et de honte dans un village voisin.

Quelques jours après vint un prêtre intrus ; c'était le sieur Thièbe ; la municipalité l'installa dans le presbytère. Mais il rencontra tant d'éloignement religieux, et si peu de ressources matérielles, qu'il se fit officier public du village, afin de pouvoir vivre. Il disparut au plus tard en 1794, n'emportant avec lui que les huées de ses partisans avec le mépris des honnêtes gens.

Cependant, M. Carion veillait sans doute du haut des cieux sur sa chère paroisse, et obtenait pour elle des bénédictions spéciales : les secours de la religion n'y manquèrent presque jamais, même aux plus mauvais jours de la Terreur. Vainement le comité de salut public multipliait les visites domiciliaires chez les suspects ; plusieurs ecclésiastiques, entr'autres MM. Lemaire, trompaient son active surveillance contre tout ce qui se rattachait à la religion ; ils instruisaient les fidèles, et administraient les sacrements le long des nuits dans les principales fermes du village, aussi bien que dans la maison d'Ursule Dessenne, au Bois-Maillard. Cette pieuse et intrépide jeune fille, qui vit encore, était alors âgée de dix-huit ans ; elle s'adjoignit un soir une compagne digne d'elle, toutes deux partirent au milieu des ténèbres à la chapelle de Pienne, elles en forcèrent la porte et enlevèrent la pierre d'autel avec les reliques enchassées. Echappant au trop fameux Guille qui demeurait non loin de là, elles rapportèrent leur précieux butin au Bois-Maillard. C'était sur cette pierre, sauvée ainsi de la profanation, que les confesseurs de la foi célébraient en secret les saints mystères, tantôt à Aubencheul, tantôt à ce hameau où ils se réfugiaient aux jours de danger. Lorsqu'on craignait ici quelque perquisition, les courageux et prudents missionnaires se tapissaient dans une bove invisible, d'où ils pouvaient s'élancer rapidement dans les broussailles et les sombres profondeurs du bois de la Terrière.

A cette triste situation, il faut ajouter les calamités d'un autre genre amenées par la guerre et la déplorable administration intronisée de 1792 à 1796. Les Français, campés en 1793 à Lechelle, Avesnes, Bourlon, Fontaine-Notre-Dame, requéraient des chevaux, des chariots pour mener les convois

4

de vivres et de bagages aux camps précités; puis, c'était du blé, de l'avoine, des fourrages, de la paille, des bestiaux qu'il fallait livrer. Le moindre refus aurait été dénoncé par le comité d'Aubencheul; l'accusé se serait vu incarcérer comme aristocrate, fauteur de l'étranger, et guillotiner à l'exemple de l'infortuné Bonjour, garde-champêtre d'Haucourt, trahi et livré par le comité d'Esne. Les fournitures étaient payées, mais en assignats, au maximum et au minimun, ce qui rendait le paiement illusoire.

D'un autre côté, les Autrichiens, campés à Solesmes, rôdaient vers le Catelet, dans l'espoir de surprendre les nombreux convois passant sur la route de St-Quentin pour les camps de Fontaine-Notre-Dame et de Bourlon. Ils recherchaient surtout les vins dont ils eurent plusieurs fois occasion de s'emparer, prenant en même temps ce qu'ils trouvaient de denrées, de toiles, de bestiaux sur le marché du Catelet. Malheur aux habitants des villages voisins, qui, surpris par une de ces excursions imprévues et vingt fois répétées, n'avaient pas eu le temps de tout cacher, de tout emmener, de se soustraire eux-mêmes à la fureur du soldat. Dans une de ces courses qui eut lieu au mois de juillet 1793, les Autrichiens vinrent camper sur les hauteurs du Catelet sans prendre garde aux récoltes qu'ils détruisaient. Ils étaient particulièrement animés contre Aubencheul dont ils connaissaient l'administration ultrà-révolutionnaire. Des pillards commandés se détachèrent pendant la nuit, fondirent sur ce village, prirent et brûlèrent les papiers de la commune, s'emparèrent de tout ce qu'ils purent trouver, des moutons, des porcs, des vaches, des bœufs, des chevaux; ils maltraitèrent les hommes qui essayaient quelque défense, se livrèrent à leurs brutales passions jusque sur des femmes de soixante ans qui moururent peu après des violences exercées contre elles.

Aux Autrichiens refoulés en Allemagne succédèrent les réquisitions pour les magasins militaires. Le premier février 1795, la commune fut sommée de fournir au magasin de la Fère cent dix quintaux de blé et trente quintaux de seigle ou d'orge. C'était, au sein de la disette générale, presque tout ce qui restait de la récolte précédente pour vivre jusqu'au mois d'août. Mais la fatale administration d'Aubencheul avait déclaré au district de Saint-Quentin que les greniers des principaux fermiers pliaient sous les denrées alimentaires. On fit dans chaque maison la perquisition la plus minutieuse pour savoir ce que l'on pouvait enlever. L'administration patriote compta jusqu'à l'unique mencaud de blé que le pauvre devait manger le lendemain. Consternés de cette désastreuse réquisition, un certain nombre d'habitants rédigèrent une pétition dans laquelle ils disaient qu'ils allaient presque mourir de faim, qu'il n'y aurait plus de blé dans la commune; qu'on venait de remarquer douze familles parcourant les rues, le sac sous le bras, sans trouver un seul grain à acheter pour leur subsistance; que les Aubencheulois offraient de livrer leur bourse, leur sang pour le service de la nation; mais qu'on leur laissât au moins des vivres pour leurs femmes et leurs enfants; que la quantité de blé, déclarée sur leur conscience, suffirait à peine pour nourrir les six cent trente habitants du village, durant l'espace de sept mois qu'il y avait encore à traverser avant de gagner la moisson. Ils terminaient en demandant qu'on envoyât des commissaires pour opérer une nouvelle perquisition, s'offrant à la punition la plus exemplaire, s'ils en imposaient; ils imploraient la commisération des chefs du district de Saint-Quentin, au nom de la patrie, de la fraternité, du civisme, de l'amitié, de la paternité. Rien ne fut écouté; la municipalité avait provoqué la réquisition, elle l'avait déclarée facile à exécuter, elle y prêtait la main; il fallut envoyer ce qui était demandé, sauf à chercher du blé dans les environs. C'était, au reste, le seul moyen d'échapper à une spoliation et à des malheurs calculés par les promoteurs de cette mesure.

Au nombre de ceux-ci, figurait Nicolas Guille, de Pienne, qui s'était emparé de la chapelle de son hameau et l'avait rasée. Le beau calvaire d'Aubencheul avait été par lui et ses adeptes, abattu, traîné dans la boue et brûlé ; Guille avait aidé à dévaster l'église, et puis l'avait achetée au district de St-Quentin, avec le presbytère, au commencement de 1795. Il céda bientôt la maison curiale à M. Augustin Passet ; mais, prévoyant qu'il ne pourrait tirer le même parti de la maison de Dieu, il se décida à la démolir et à en vendre les matériaux dans l'été de la même année.

Il arrive donc un matin avec des ouvriers, il appose des échelles aux murs afin de commencer par enlever la charpente. La nouvelle du prochain vandalisme parcourt et consterne le village ; la municipalité, qui en est complice, n'a garde de s'y opposer ; tous les hommes vertueux soupirent, mais ils gardent le silence de la terreur et de la stupéfaction. Seules, les femmes moins responsables, moins exposées qu'eux, montrent l'ardente foi que M. Carion leur a inspirée et que la persécution n'a fait qu'aviver. Elles se rassemblent sur la place : Marie-Anne Dubois, Marie-Louise Caron, Marie-Anne Dupuis, Marie Pion se mettent à leur tête et les haranguent à leur façon en vue du cimetière où reposent leurs aïeux, leurs époux, leurs enfants ; en vue de l'église où elles firent leur première communion, où elles se marièrent, où leurs enfants furent baptisés, où elles espèrent bien venir encore un jour adorer Dieu et invoquer sa sainte mère, leur appui au ciel. Les harangues terminées, ces courageuses femmes se retirent derrière l'église, concertent leurs moyens d'attaque, remplissent leurs tabliers de projectiles et reviennent trouver Guille ; leur nombre, leur ardeur, leurs menaces ne font que s'accroître d'une manière redoutable pour les démolisseurs. Guille déconcerté suspend son action et entre en pourparlers ; il prétend que l'église, n'appartenant pas à la commune, fut dûment rangée parmi les biens nationaux ; que l'ayant achetée du district, il peut en disposer conformément à la loi. Personne ne lui oppose de titres; la municipalité tient caché ou ignore un petit regître dans lequel il est parlé de paille fournie pour l'église, et d'une contribution par ménage pour le presbytère ; le démolisseur va triompher.

Mais voici M. l'abbé Lefranc [1] qui fend la foule et arrive ; il porte en main des quittances conservées par son père ; ces bienheureux papiers attestent au moins que les Aubencheulois ont prêté leur concours pour la réédification de leur église un siècle auparavant. Guille les parcourt d'un œil qu'éblouit la frayeur et peut-être aussi un reste de conscience; il ne remarque point qu'il ne s'agit que d'un concours fourni aux véritables réédificateurs, qu'on pourrait invoquer les mêmes raisons pour lui faire rendre le prix du presbytère; il demeure interdit. Puis, fuyant l'orage qui gronde de plus en plus, il prend ses échelles d'une main tremblante et les emporte, s'en faisant un bouclier contre la grêle de pierres que les femmes menacent de faire pleuvoir sur lui, si leur escorte inoffensive ne suffit pas pour l'éloigner au plus vite.

Arrive enfin le coup d'état du 18 Brumaire (9 novembre 1799); le lendemain on établit le Consulat; les Français respirent de leurs longues et cruelles agitations. Tout se ressent du bien-être nouveau; jusqu'au petit village d'Aubencheul, il en a sa part; une nouvelle administration municipale y est formée sous la présidence d'un représentant de l'ordre, c'est M. Hyacinthe Passet nommé maire en 1800. Avec le calme revient la religion; l'église est rendue au culte, tandis que celles des environs demeurent encore fermées ou profanées. A la nouvelle qu'un missionnaire cantonal, probablement M. Grainchon, doit la réconcilier et y célébrer les saints mystères, la paroisse éclate de joie, le bruit s'en répand aux alentours, et l'on arrive en

---

[1] M. Charles Ambroise Lefranc, était un ancien chanoine, vivant retiré dans sa famille depuis le commencement de la révolution.

foule au bienheureux jour indiqué. On voit déboucher de toutes les rues vers la place, les fidèles qui ont repris leurs habits des anciens dimanches. L'église, parée de tout ce que les garde-robes et les écrins des fermières renfermaient de plus précieux, est encombrée d'Aubencheulois. Les femmes qui l'ont sauvée vont, viennent, s'agitent, triomphent et rayonnent de jubilation; le cimetière, les environs se couvrent littéralement de personnes du village et du dehors. Les fidèles qui connaissent l'histoire sainte, se représentent le jour où le temple de Jérusalem fut purifié et rendu aux sacrifices par les pieux Macchabées. A un signal donné, le plus profond recueillement règne dans la foule; mais au premier bruit des saints cantiques qu'elle n'entendait plus depuis dix ans, toute l'assistance tombe à genoux, verse des larmes d'attendrissement, laisse échapper des sanglots, ou mêle sa voix à celles de l'église. Puis, quelques personnes se relevant par instinct, tendent les bras au ciel et remercient hautement la Providence d'avoir assez vécu pour adorer encore en public le Dieu de leurs pères, le Dieu de leur enfance, le Dieu de leur dernier soupir!

Des missionnaires, un desservant, un vicaire du Catelet exercèrent successivement le saint ministère dans cette paroisse jusqu'en 1803. A cette époque, M. Beauvois, revenu de l'émigration, fut, sur sa demande, nommé curé d'Aubencheul, et occupa une chaumière située à l'extrémité de la rue des Juifs où on lui vola quelques valeurs un dimanche pendant la messe. Le bon père n'exerça aucune poursuite; mais celui que la rumeur publique désigna comme l'auteur du fait, ne put résister à l'indignation générale, il quitta la commune.

Nommé en 1814 à la cure de Vendhuile, M. Beauvois alla occuper le presbytère de cette paroisse sans cesser de desservir Aubencheul jusqu'en 1828. Le 17 juin de l'année précédente, un incendie dévora soixante-trois maisons avec contenances et dépendances. Le feu avait commencé par les principales fermes, objets d'une vengeance personnelle, comme la conscience et le cri public le reconnurent à cette époque. La perte fut évaluée par l'autorité à la somme de cent vingt-cinq mille francs !

Le bon pasteur avait vu ses paroissiens obligés de loger dans leurs maisons ou de caserner à leurs frais, un détachement d'anglais dont le quartier-général fut au Mont-Saint-Martin pendant l'occupation de 1815 à 1818. Il savait que la dette communale, occasionnée alors, était à peine couverte ; et voilà qu'il avait sous les yeux une foule de familles, les unes presque ruinées, les autres sans asile et sans pain. Courbé sous le poids des ans et des fatigues de l'exil, M. Beauvois réprit néanmoins le bâton du voyageur émigré; il parcourut l'arrondissement de St-Quentin aussi bien que les environs et la ville de Laon, implorant la charité de ses nombreux amis pour ses paroissiens affligés. Il rapporta d'abondantes aumônes ; mais quand l'heure du partage fut arrivée, la jalouse ingratitude de quelques personnes, spécialement de la famille qui avait régi Aubencheul au temps de la terreur, combla sa bonté, sa justice des plus basses et des plus sanglantes injures.

Le cœur du bon prêtre ne tint pas contre cette ingratitude et contre des menaces qui sentaient le Maximilien Robespierre, il en fut navré de douleur. M. Beauvois prétexta son âge, ses infirmités, et cessa de desservir Aubencheul. MM. Dien et Brusselle, curés de Beaurevoir, le remplacèrent successivement; mais au départ de ce dernier, arrivé en 1829, le père d'Aubencheul, comme on l'appelait, oublia tout, reprit pour un peu de temps l'administration spirituelle de cette paroisse; il eut même le projet de venir y terminer ses jours. La mort le prévint et l'enleva subitement dans l'été de 1831, au moment où il arrosait quelques fleurs dans son jardin. Cette année, un nouvel incendie dont l'auteur échappait à la justice humaine comme la première fois, vint jeter de nouveau la consternation dans la commune. Trois maisons et les deux principales fermes détruites quatre ans auparavant, furent en un instant la proie des flammes. C'était en hiver, au moment où les instruments aratoires, les récoltes, les bestiaux, tout est rentré ; rien n'échappa au feu, tant les progrès en furent favorisés par la nuit et la surprise. Les pertes étaient plus sensibles que la première fois, mais le bon curé n'était plus là !

Il avait même laissé en mourant, un grand vide à combler dans sa paroisse, laquelle, manquant de presbytère, ne pouvait pour ainsi dire pas avoir de prêtre à résidence. Elle fut donc successivement desservie par MM. les curés de Malincourt et de Vendhuile jusqu'à l'arrivée de M. Carlin, nommé desservant en 1834. Ce zélé pasteur habita une maison de la rue d'Enhaut, fit le plancher de l'église, commença les bancs, obtint un premier vote pour un presbytère et un commencement de retour à la piété. La paroisse souffrait des nombreux changements de prêtres arrivés depuis l'incendie de 1828. Cependant, elle fut encore abandonnée quand M. Carlin se vit inopinément transférer dans une autre commune au mois de juillet de l'année suivante.

Son départ avait mécontenté tous les Aubencheulois qui ne se souciaient même plus d'avoir un curé au milieu d'eux ; un des membres de la fabrique le dit hautement dans l'église, au nouveau titulaire qui arriva trois semaines plus tard. Celui-ci était un ecclésiastique du diocèse de Cambrai, ordonné le 16 août de la même année, et nommé le lendemain à la cure d'Aubencheul sur la demande de Mgr l'évêque de Soissons.

Le nouveau pasteur occupa d'abord une portion du presbytère de Villers ; puis, le calme se rétablissant à Aubencheul, il obtint la reprise et la confirmation du vote pour une maison curiale. Alors, cédant aux vœux de ses ouailles qu'il chérissait depuis son arrivée, il se fixa au milieu d'elles vers la fin d'octobre de la même année ; et habita quelques pièces dans la maison de M. Boucher, digne instituteur de la commune et clerc de la paroisse. Toujours favorable à l'érection du presbytère, M. Noël Milhem, maire à cette époque, rencontrant néanmoins quelques difficultés, se retira, et fut remplacé, au commencement de 1836, par M. Ildéfonse Passet dont la famille supportait une assez forte partie de l'imposition pour la maison projetée.

Fils d'Hyacinthe qui avait rouvert l'église à la religion, le nouveau maire se concerta avec M. le curé pour hâter la construction du presbytère. Un M. Chauwin, fermier de Pienne, avait relevé la chapelle de ce hameau vers le commencement du dix-huitième siècle. Son petit-fils, marié sans fortune, voua l'érection d'une autre chapelle, s'il réussissait dans son travail. Béni de Dieu, il parvint à une honnête aisance, bâtit de ses mains, au nord de la Terrière, une chapelle dédiée à saint Liéfart ou Liévin, comme celle de son aïeul. Voulant couronner sa vie par une dernière bonne œuvre, il entreprit le presbytère d'Aubencheul, sur la construction duquel il n'obtint aucun avantage matériel. M. B....... y fit son entrée le 27 octobre 1836 ; et l'année suivante, les murs de la cour avec ceux du jardin furent élevés au moyen de sommes que la commune tenait en réserve.

Si ces épargnes n'avaient pas été employées si tôt, elles auraient nécessairement suivi une autre destination quelques années après. Un matin, c'était le quinze juin 1839, vers quatre heures, la température, haute depuis deux ou trois jours, devint suffocante ; il régnait dans tous les êtres un calme inquiet ; les feuilles s'affaissaient comme fanées, les oiseaux cherchant un refuge, voltigeaient silencieux ; pas la moindre brise pour faire balancer un épi ; les animaux dans les écuries et dans les cours frappaient du pied, ouvraient de larges naseaux, se contournaient et poussaient des cris de malaise. On voyait au midi de fréquents éclairs sillonner de gros nuages d'une couleur blafarde, on entendait par intervalles le tonnerre gronder sourdement au loin, et approcher de plus en plus. Il y eut bientôt une obscurité profonde, quelques grosses gouttes de pluie, une violente tempête, un bruit dans le ciel pareil à celui de vingt chariots enlevés au galop sur un pavé raboteux, une trombe enfin d'un kilomètre de largeur. Elle lançait sur son passage un déluge de grelons atteignant jusqu'à la grosseur d'un œuf de poule. Ces masses, formées de grains agglomérés, portaient au centre une forte teinte violette, et répandaient une vapeur bleuâtre avec une odeur sulfureuse. Tout fut détruit dans la portion du territoire balayée par la trombe; deux jours après, la charrue enfouissait le chaume haché et les épis meurtris qu'on espérait bientôt moissonner. La perte des récoltes sur Aubencheul fut évaluée à trente mille francs. En moins des six minutes que sévit le fléau, la grêle avait écrasé toutes les toitures dont les portions tournées vers le Nord, souffrirent cependant un peu moins. Le toit de l'église fut presqu'entièrement détruit dans la partie sud; et celui du presbytère, pris des deux côtés, ne conserva pas une ardoise; il y eut même des planches fracassées par les projectiles atmosphériques.

Ces nouveaux malheurs n'empêchèrent pas la commune de tout réparer de ses prospres fonds, avec ceux que prêta, sans intérêts, la pieuse demoiselle Ursule Dessenne dont nous avons déjà parlé. Cette personne qui n'avait que mille francs de capital pour toute ressource dans sa vieillesse déjà avancée, voulait néanmoins en donner deux cents, et ne les conserva que par déférence aux conseils de son pasteur.

Cependant la religion gagnait de jour en jour; un calcul basé sur les notions les plus précises que l'on peut avoir en cette matière prouve, qu'en prenant le nombre cinq cents pour somme de la perfection, l'état religieux était à 70 en 1834, et à 350 en 1840. A la vérité, des colporteurs de livres hérétiques se présentèrent et voulurent faire des adeptes; mais l'un deux fut publiquement confondu dans une réunion fortuite, il dut avouer qu'avec le système protestant, il est même impossible de savoir quel jour on est. L'autre, expliquant comme ses confrères, l'Ecriture sainte à sa guise, fit des propositions inconvenantes à une bonne catholique ; il citait le pardon accordé par le Sauveur à la femme coupable de l'Evangile, pour démontrer que l'adultère serait permis. Repoussé par la pieuse et fidèle épouse, et signalé dans un journal, il ne reparut plus. Les deux seuls protestants qu'il y avait à Aubencheul firent secrètement leur abjuration et moururent en catholiques édifiants. Deux frères du nom de Lévêque s'étaient voués au sacerdoce ; Julie Levaux entrait en religion, Godelive et Adèle Puche, de Montécouvez, Julie Guéguin et Louis Robache, d'Aubencheul, suivaient son exemple dans l'espace de moins de dix années. Un genre de divertissement, toujours dangereux pour la jeunesse abandonnée à elle-même, avait presque totalement disparu ; la plupart des jeunes personnes composaient entr'elles une pieuse association se livrant le dimanche à de saintes lectures, à des cantiques et à des jeux innocents. Il s'était également formé une société chorale dont les principaux membres furent : MM. Boucher, instituteur, Tison, cultivateur, Prosper Boyon, Pierre Lefebvre, Boitelle, dit Mollet, Eugène Clavier et Célestin Lévêque. Ils allaient, chaque soir de l'hiver, prendre des leçons au presbytère, et ils reçurent souvent des éloges pour les morceaux de plain-chant harmonisé qu'ils exécutèrent à Aubencheul, Montécouvez, Villers, Beaurevoir, Honnecourt, Carnières et Fontaine-au-Pire. Leur concours aida même au succès des prières de quarante heures, établies dans la paroisse au mois de février 1838, et suivies depuis avec édification.

Cependant Monseigneur de Simony, évêque de Soissons, désirait témoigner personnellement à cette paroisse la satisfaction qu'il en éprouvait ; il profita de sa tournée de confirmation, faite au Catelet en 1839, pour se rendre à Aubencheul et en féliciter les habitants. Répondant aux discours qui lui avaient été adressés par M. le Maire et M. le Curé, sa Grandeur dit qu'elle espérait que le bien se continuerait, que l'autorité civile montrerait toujours le même dévouement, et que le jeune pasteur passerait de longues années au milieu du troupeau. Etant entré dans l'église, Monseigneur donna la bénédiction du Saint-Sacrement ; puis il adressa aux fidèles réunis en grand nombre, une exhortation pleine de sollicitude, de tendresse et d'onction.

Si la première partie des souhaits de sa Grandeur dut se réaliser, il n'en fut pas de même pour la seconde ; M. B....... appelé à la direction du collége d'Armentières, au commencement de février 1840, se rendit à son nouveau poste au milieu du mois de juin suivant, et fut remplacé, peu de temps après, par M. Gozé, du diocèse de Soissons. Depuis lors, le bien moral s'est affermi et même accru dans la classe instruite ; l'église s'est embellie ; Dieu a béni les travaux des cultivateurs, l'agriculture a fait des progrès ; les voies de circulation se sont améliorées. Un gravier traversant la commune, l'a reliée au Cateau, à Saint-Quentin et à Cambrai dans le courant de 1854 ; l'entier achèvement en fut couronné deux ans après, par une solennité dans laquelle on bénit avec pompe une nouvelle cloche paroissiale. Enfin, une mission donnée en 1857, par M. Prévot, missionnaire du diocèse, fut suivie avec empressement par les Aubencheulois et leurs voisins. L'infatigable prédicateur eut la consolation de voir à son tribunal et à la table sainte, la paroisse presque entière, et le jour de la clôture fut une fête de famille. M. Prévot déclara dans ses adieux, qu'il n'avait jamais trouvé de si belles dispositions, et promit, en versant des larmes d'attendrissement, qu'il n'oublierait jamais les Aubencheulois, qu'il reviendrait même de temps en temps s'édifier de leur persévérance.

PIENNE.

HAMEAU D'AUBENCHEUL-AU-BOIS.

Scurvilers a perdu son importance et son nom depuis plusieurs siècles. Cependant il resta toujours sur les terres de cette antique seigneurie, quelques fermiers pour les exploiter. Leurs habitations, placées au Sud-Ouest d'Aubencheul, entre l'ancienne et la nouvelle route, sur la rive droite du chemin conduisant à Vendhuile, se composent aujourd'hui de deux fermes, et s'appellent le hameau de Pienne. La famille de ce nom domina dans le XIIIe siècle à Bohain, Malincourt et Crèvecœur ; elle fit plusieurs donations au Verger qui posséda les terres de ce hameau jusqu'à la révolution, sans qu'on sache précisément de quelle manière cette appellation leur est venue. En tout cas, il est certain que le nom Scurvilers [1] commença à disparaître des actes au moment où la famille précitée se trouvait dans ces cantons.

On a également conservé sur ces terres les traces d'une chapelle qui a dû servir à décharger, dans son origine, la pieuse fondation de Bauduin. Située peut-être au lieu même où saint Bernard avait rendu l'ouïe à un sourd, elle eut sans doute un prêtre à résidence comme l'avait celle de Gouy, fondée à la même époque, et dans les mêmes conditions de revenus. Ce petit édifice, renversé par les guerres, et relevé au commencement du dix-huitième siècle par M. Chauwin, fermier des Dames du Verger, se trouvait à deux cents pas des maisons, à l'Est de

---

[1] On a écrit aussi Scurviller, Scurviler, Escurvilers, et, en ces derniers temps, Escurvillers.

l'ancienne chaussée, et sur la rive gauche du chemin d'Aubencheul à Vendhuile. Quand les revenus de cette Chapellenie furent adjoints à ceux de la cure paroissiale, ils étaient chargés de trois messes par semaine. Une nouvelle dotation de cette chapelle eut lieu dans la suite; elle fut faite par les Dames du Verger, pour M. Pierre Bauduin autrefois curé d'Aubencheul.

Le seigneur de Scurvilers avait dédié sa chapelle à la bienheureuse Vierge Marie; le fermier de Pienne, originaire d'Havrincourt où saint Liéfard était en grande vénération, dédia la sienne à ce saint martyr [1]. Lictfardus, Liéfard, Lifard qu'on intitule quelquefois Lifard de Gonnelieu, et que le peuple confond avec saint Liévin, ou Livin, était un archevêque d'Angleterre. Comme il revenait en 640 d'un pèlerinage à Rome, il fut massacré dans la forêt d'Arrouaise près d'Havrincourt et Trescault [2]. Les meurtriers étaient, selon quelques auteurs, des païens vagabonds auxquels le Saint tâchait de faire goûter la doctrine évangélique. Un fermier de Trescault inhuma le corps de l'archevêque sous un arbre de son jardin. Mais, oubliant ensuite le respect dû à ces reliques, il plaça son fumier sous le même arbre et vit, en punition de son irrévérence, ses bestiaux tomber malades et mourir, tandis que les laboureurs voisins n'éprouvaient aucun dommage. Averti en songe de la cause de ces malheurs et de la manière d'y mettre fin, il fit transporter solennellement les restes du martyr dans l'église de la paroisse. Là, saint Liéfard reçut les premiers hommages, commença la série de ses miracles par obtenir la santé aux animaux du fermier, et devint le patron des cultivateurs de ce canton.

Les prodiges augmentant de jour en jour, Fulbert, sacré

---

[1] Renseignements donnés par le petit-fils de M. Chauwin, lequel naquit à Pienne et bâtit la chapelle de la Terrière.

[2] Gazet dit que ce fut entre Saint-Quentin et le Catelet; ce sentiment semble peu fondé. Quant à saint Liévin, c'était un évêque d'Ecosse; il fut martyrisé près de Gand, de la même manière et dans le même temps que saint Liéfard.

évêque de Cambrai en 933, résolut de transférer le corps de saint Liéfard dans sa cathédrale; mais détourné par un avertissement céleste, il l'envoya au couvent d'Honnecourt. Durant l'entrée processionnelle dans cette petite ville, deux aveugles et un boiteux qui les guidait à la cérémonie, furent guéris de leurs infirmités. En mémoire de ces miracles, on érigea trois croix aux trois diverses places où ils avaient été successivement opérés. Un Bénédictin, étant venu habiter l'abbaye d'Honnecourt, écrivit, sur les manuscrits de Nicolas Belfort, l'histoire de notre saint, et dit qu'on voyait encore ces croix de son temps. Le corps de saint Liéfard reposa plusieurs siècles à Honnecourt avec ceux de sainte Polline et de sainte Valérie qu'on pense avoir été les sœurs du martyr. Ces reliques transportées ensuite près de Saint-Quentin par la crainte des guerres, devinrent la proie des flammes en l'église de l'abbaye de Saint-Prix, laquelle fut incendiée lors du siége de la capitale du Vermandois, en 1557 [1].

Au moment où la révolution éclata, on célébrait encore les saints offices dans la chapelle de Pienne, surtout aux processions de saint Marc, des Rogations, à celle qui se faisait autour des terroirs dans le Cambrésis le lundi de la Trinité, et à la fête de saint Liéfard ou Liévin. Il y avait à Pienne, en cette fête un concours extraordinaire de personnes venant d'Aubencheul de Villers-Outreaux, de Gouy, du Catelet, de Vendhuile et de la Terrière. Mais hélas! Ce rendez-vous d'un si beau pèlerinage n'existe plus; le souvenir même en disparaîtra probablement peu après la mort de cette personne inconnue qui vient chaque année, pendant une nuit, réparer et renouveler au besoin les trois petites croix de bois qu'on remarque sur l'emplacement de la chapelle!

Ce petit édifice tomba, comme on sait, sous les coups de Nicolas Guille qui s'en appropria les matériaux, et qui de là,

---

[1] Voyez Mirœus, tome 2, page 927; les Bollandistes au 4 février, et le dictionnaire d'Hagiographie édité par l'abbé Migne.

porta ses tentatives sur l'église d'Aubencheul. Ce malheureux joignait à d'autres crimes celui d'entretenir publiquement un commerce monstrueux avec sa fille du nom d'Adélaïde. Un enfant, triste résultat de cette dépravation, fut étouffé sous l'oreiller de sa mère et enfoui dans la cave de la maison par celle qui lui avait donné le jour. Des soldats ayant entendu les vagissements de la victime, conçurent des soupçons, avertirent la gendarmerie du Catelet qui découvrit le petit cadavre et les ossements de plusieurs autres personnes immolées de nuit. Emprisonné en même temps que sa fille, Guille fut ensuite relâché, et revint à son auberge où il reçut un jour des soldats qui lui demandèrent de l'eau ; celle qu'on leur offrit avait une odeur désagréable et se trouvait marbrée de filets de sang. On se livra à des perquisitions, et l'on découvrit au fond d'un puits, le corps d'une honorable femme d'Aubencheul percé de plusieurs coups de couteau. Guille réduit enfin à la dernière misère, abandonna son hameau ; il fut recueilli par la charité d'une de ces femmes fortes qui avaient arraché leur église à son impiété destructive, et il mourut rongé d'insectes dans une chaumière de la rue des Juifs.

Sa fille, ayant achevé dans la prison la peine qu'elle eut à subir, vécut à Paris d'une manière digne de ses antécédents ; et elle implorait en 1853 l'appui de M. le curé d'Aubencheul pour être admise dans un hôpital de la résidence. Puisse ce double exemple de la Providence inspirer de sages réflexions à ceux qui seraient tentés de marcher sur les traces de ces deux personnages dignes de figurer, l'un comme Coryphée du Vandalisme révolutionnaire, et l'autre comme déesse Raison de cette triste époque !

Quand Guille quitta Pienne, les voyageurs n'osaient plus s'y arrêter, les postillons n'y passaient que le pistolet au poing ; on frémissait d'horreur en se montrant de loin ce hameau comme un repaire d'assassins ; personne ne voulant plus l'habiter, il demeura désert pendant un certain nombre d'années. Il était cependant repeuplé lorsque Napoléon Ier suivit le canal souterrain de Ricval à Macquincourt, vers la fin d'avril 1810; car ce fut un nommé Cafignon, de Pienne, qui conduisit la barque impériale, qui enleva et transporta sur la rive l'impératrice Marie-Louise, laquelle, en descendant, avait glissé et mis un pied dans l'eau [1].

A cent mètres des fermes de Pienne, sur la rive droite du chemin qui s'avance de ce hameau vers Aubencheul, on voyait jadis une petite habitation en torchis, construite à la hâte lors du dernier retour des Aubencheulois; on l'appelait la Cense-Bernard. Il n'en reste plus depuis longtemps que deux ou trois buissons et quelques rides sur le terrain qu'elle occupait. Il faut en dire autant de la Cense-Lamotte placée jadis à l'extrémité orientale du terroir d'Aubencheul. Signalons encore avant de terminer, la confortable maison du sieur Bancourt, auberge située sur la route de Cambrai, à l'entrée du bois de la Terrière, et dont les braves habitants, joints à ceux qui se trouvent actuellement à Pienne, ont relevé l'honneur de cette petite contrée.

STATISTIQUE.

Aubencheul-au-Bois qui appartient maintenant au diocèse de Soissons et au département de l'Aisne, faisait encore partie de la province et du diocèse de Cambrai en 1789. Ce village, placé entre Villers-Outreaux, Beaurevoir, Gouy, le Catelet, Vendhuile, la Terrière et Montécouvez, s'élève sur une pente douce qui monte de l'orient vers l'occident. Le sol amasé consiste en une terre franche, finement siliceuse, jaunâtre où il

---

[1] Renseignements de M. Loubry, d'Aubencheul, instituteur à Saméon.

n'y a pas d'humus, posée sur une couche de pierres calcaires entremêlées de quartz à croûtes calcaro-ferrugineuses ; on y rencontre aussi des fragments silicifiés de coquillages du genre Peigne. Cette couche offre dans la partie supérieure une marne excellente pour l'amendement des terres ; et dans la partie inférieure, de très belles pierres à bâtir. Des extractions opérées pour divers édifices, notamment pour l'église et le château, y ont creusé d'assez profondes carrières dont nous citerons les principales.

Il s'en trouve une sous le jardin et les ruines de l'ancien château, mais on n'en sait que l'existence. De l'autre côté de la rue, et presque vis-à-vis de cette carrière, règnent sous la ferme de M. Passet, de longues galeries dans lesquelles les ouvriers, creusant des fondations en 1828, découvrirent une grande provision d'avoine ; ces grains étaient à demi torréfiés, pouvant néanmoins servir encore de nourriture en temps de disette. Si de là nous descendons vers l'église, nous trouverons dans la cour de M. Lefebvre-Chauwin, un puits qui sert d'ouverture à une autre carrière ; on entre dans celle-ci par une petite porte située à quatre mètres environ au-dessus de la hauteur ordinaire de l'eau. Elle fut explorée et exploitée en 1829 par M. Augustin Passet, homme instruit, judicieux et ancien maire de la commune. M. Passet et ses ouvriers affirment qu'elle s'étend à cent mètres dans toutes les directions autour du puits, et qu'elle a généralement quatre mètres de hauteur. Les pilastres qui en soutiennent le ciel du côté du cimetière, s'affaissèrent à la même époque ; il en résulta l'éboulement de toute la couche pierreuse dont la masse fut évaluée à douze cents mètres cubes environ. L'église fut ébranlée vers la sacristie ; mais on se hâta d'élever dans la carrière un mur d'un mètre d'épaisseur, qui supporte de ce côté la couche de terre et les maçonneries dont elle est chargée. Au nord-est de ce souterrain, dans la partie de la Viéville occupée par la ferme de M. Simon, on en rencontre trois autres ; un premier derrière la grange ; un deuxième qui part de l'abreuvoir, traverse la rue et se prolonge jusque sous la maison de Marc Lévêque, et le troisième enfin qui a son entrée dans le puits : ce dernier se compose de trois belles galeries qui avancent jusque sous le corps de logis [1].

D'autres excavations se font remarquer dans les hauteurs placées entre les bois de Mortho et la ferme de M. Simon ; le soc de la charrue heurte en cet endroit des restes de fondations, et l'on y a même trouvé quelques pièces de monnaie. Les anciens y placent une maison de Templiers, comme ils en placent une autre entre Villers et Aubencheul, en un lieu où l'on rencontre de grandes tuiles et des pièces de fer qui semblent avoir été des armes. Enfin, le coteau méridional d'Aubencheul porte au sommet et sur la pente, près le chemin de Gouy, les traces d'une carrière. On dit que des matériaux en furent extraits pour la construction de l'église, et l'on ramasse encore aujourd'hui à la surface une grande quantité de silex pour les routes voisines.

Les terres qui entourent Aubencheul sont calcaires et quartzeuses vers l'extrémité méridionale ; alumineuses au Bois-Maillard et au bois de Mortho, à l'ouest duquel il exista jadis une importante tuilerie sur le chemin de Montécouvez. On trouve en cet endroit une couche de lignites entremêlées de succin et de sulfure de fer. Paraissant à fleur de terre, près la ferme des Anglées, elle s'enfonce de trois à six mètres sous le sol près de la tuilerie du bois de Mortho, et dans un champ de M. Lefebvre-Chauwin. Souvent recouverte dans le parcours par des pierres schisteuses, cette couche se prolonge du bois de Mortho jusque dans celui de la Terrière. Le reste du territoire se compose de terre franche ; et le total forme une étendue de deux cent dix hectares imposables. Le blé en occupe

---

[1] Renseignements donnés par M. Lefranc, ancien propriétaire de la ferme, et transmis par M. Doury, instituteur de la commune.

généralement soixante-dix, le seigle cinq, l'orge dix, les pommes de terre six, et le jardinage une douzaine. Le reste produit les fourrages, la vesce, les féveroles, le trèfle, le sainfoin, la lupuline, le colza, l'œillette et les betteraves.

Les coteaux situés à l'est et au sud de cette commune, n'ont-ils pas autrefois produit de vin? Aucune pièce authentique ne donne à cette question de réponse positive. Mais des archives trouvées dans l'église de Crèvecœur, contiennent des actes de recettes pour vin récolté dans cette commune, et des mémoires de dépenses pour la culture des vignes, pour les vendanges, le foulage, l'entonnage, l'encavage...... Ces écrits sont datés de 1442. Les vignobles dont il y est parlé appartenaient aux enfants de Guillaume Dinart, dont les tuteurs vendaient le vin de cinq à dix francs[1] le muid[2]. Une charte de 1511 dit que l'abbaye de Saint-Aubert à Cambrai, lève « la grosse disme de *roisins et vins* sur deux mencaudées au *Clos de Hérin*, tenant à la rue des Vignes, assez près de Crèvecœur. » Un règlement de 1647, portait encore que les marchands de vin du comté de Cambrésis et de Crèvecœur ne pouvaient vendre de vin français[3]. On nommait *aigret* le vin récolté aux environs de Cambrai, et l'on en faisait une assez grande consommation. Mais quand les brumes des marais et des bois ne vinrent plus empêcher les rayonnements du calorique terrestre et les froides nuits d'automne; quand les vins du dehors cessèrent d'être proscrits, les vignobles disparurent de nos contrées. Il est vrai que Monseigneur de Rohan, archevêque de Cambrai, à la fin du dernier siècle, replanta des vignes à Montplaisir près le Cateau, qu'on en tira même un vin assez agréable. Néanmoins la tentative ne fut pas renouvelée par les nouveaux propriétaires.

---

[1] Monnaie de la première moitié du XVe siècle.

[2] Un ancien muid de liquides, jaugé dernièrement à Cambrai, contenait 450 litres; soit la moitié du muid pour les grains.

[3] Soirées de l'abbé Tranchant, par Eugène Bouly.

Il a été dit plus haut que les impositions foncières tombent sur deux cent dix hectares ; mais, grâce aux exemptions accordées par l'abbaye de St-Aubert, les dîmes n'étaient prélevées que sur quatre cent trente-neuf mencaudées, ou cent cinquante-six hectares, comme on peut le voir au manuscrit N° 638 de la bibliothèque de Cambrai, dans lequel on lit :

AUBENCHEUL-AU-BOIS.

Terres labourables.	376
Jardinage.	63
Dixième (1743).	101 f. 7 s. 4 d.
Dixième (1744).	126 fr 14 s.

Une taxe faite en 1672 par les députés des Etats-généraux du Cambrésis, et insérée au manuscrit numéro 681 de la même bibliothèque, porte :

CRÈVECOEUR ET DÉPENDANCE.

Pour la personnelle.	240 florins.
Pour le moulinage.	120 florins.
Pour la bière	600 florins.

AUBENCHEUL-AU-BOIS.

Pour la personnelle.	46 florins.
Pour le moulinage.	20 florins.
Pour la consomption (sic) de la bière	100 florins.

VILLERS-OUTREAUX.

Pour la personnelle.	40 florins.
Pour le moulinage.	20 florins.
Pour la bière.	80 florins.

Actuellement les Aubencheulois paient à l'Etat les contributions suivantes : pour terres, 1165 fr ; pour maisons, 681 fr ; pour cote personnelle 223 fr ; pour cote mobilière, 477 fr ; pour portes et fenêtres, 660 fr ; pour patentes, 508 fr : Total, 3714 francs. Les maisons, au nombre de 125, abritent sept cent trente personnes, population qui n'était que de six cent vingt-neuf en 1795. Les hommes et les femmes s'adonnèrent jusqu'en 1820 à l'industrie qu'ils exerçaient de temps immémorial. Mais le commerce des batistes et des linons, déclinant depuis le commencement du siècle, jeta un dernier et fugitif éclat aux premiers jours de la Restauration ; puis, diminuant toujours, il était presque éteint en 1830. D'un autre côté, les bois des Ardissarts et de Beaurevoir disparaissaient de 1835 à 1845 ; celui de Mortho s'apetissait encore davantage, les bûcherons durent renoncer à la serpe pour saisir la navette. Les hommes tissèrent le coton, la laine et la soie ; les femmes se rendirent habiles dans la broderie du tulle ; les personnes habituées aux travaux de la campagne continuèrent de s'y adonner ; et l'on trouve a peine aujourd'hui quelques fileuses, lesquelles réalisent néanmoins encore d'assez beaux avantages. Jadis, Aubencheul avait au Nord le bois de Mortho et celui de Villers ; à l'Est, le bois de Ghizancourt ; et plus près, des coteaux couverts de bruyères ; au Sud, le bois de la Terrière, lequel en 1656 s'avançait encore sans interruption depuis Pienne jusque près le chemin d'Aubencheul à Gouy ; à l'Ouest, le bois Bertrand, le Bois-Maillard et le bois du Gayant. Aujourd'hui tous ces bois ont disparu, à l'exception de quelques restes sur la Terrière et sur Mortho. Il n'y a plus ni landes, ni bruyères ; tout est livré à la culture la plus active et la plus industrieuse.

Le langage parlé dans Aubencheul est un mélange des patois du Cambrésis, de l'Artois et de la Picardie. En voici quelques échantillons écrits d'après la prononciation. Ainsi, au bruit que Guille vient pour démolir l'église, quatre Aubencheuloises réunissent sur la place les autres femmes du village, et leur adressent ces paroles :

« Ah ça, quoïe qu'c'est qu'ain dit ci et qu'ain voïe là ? N'v'la zou point c'l'r'niagat, c'l'r'nie Diu d'Guille qui va démoter no église ? Ezou qu'ça n'ain finira zammais ? Ezou qu'c'n'est point assez qu'ain l'y a laissé démoter ceulle capielle d'Pienne, triner no bieu calvaire dain ces rues et ces brouets, preinne c'calice, c'l'eurmoutraince, c'l'écenso, ces pourtraits d'saints? No église là, du qu'no faisain no premmière cominion, du qu'nos s'mariain, du principal'meint qu'nos apeurnain à gagner l'paradis et qu'nos enfants étain baptisées, ain l'abattro! Ah! i feut ben dire en bréiain d'débeucemein, en cahulain : ces gros deu z'vilaze et nos hommes, c'est des trennards. Mais, Queurtiennes d'Diu! ezou qu'nos arain l'fièfe comme euz? C'père la mission d'Villers, il a répaindu tout sain sang pou nos précer; point pu long qu'Surlinne d'Bos-Maiard, qu'c'n'est qu'ainne zonne fille, al a seuvé tout çou qui n'avo dain l'capielle d'saint Liévin, al né et al barbe deu c'mourdreu de Pienne; et nous qu'nos sons femmes, no l'laïcrain faire? Pu ain pater d'sain vivain, pu ain queu d'cloque quain qu'ain morra! Ah! ces viux, nos pères et mères, qu'vos êtes là dain ceulle cimentière, quoïe qu'vos dirain, si vos véiain vos enfants dézénérés laisser démoter c'l'église qu'vos avain eïu tain d'ma d'leu bâtir? Vos les r'nierain!... Et vous, no bon curé Carion, vos êtes pu héreux d'n'point vir c'l'abobination d'l'désolation; vos parossiens n'vos suiain tain seulmein pu auzourd'hui comme vo corbeu [1] du tain passé........ Mais, allons drière c'l'église covenir çou qu'ain f'ra. Qu'tous ceusses parmi vous qu'al volain laisser ainne église à leus enfants, avoir leu place ain paradis, et qu'al avain du cœur à l'amme, qu'al vinssain aveucq nous!»

Ces mêmes femmes, ayant rempli leurs tabliers de pierres et de briques, reviennent apostropher sur la place le démolisseur d'églises :

R'mannein du diable! ain voïe bein qu'ces murs du bon Diu et d'là sainne Vierze Marie t'r'proçain tés pécés. Mais t'as bieu

---

[1] M. Carion avait un corbeau apprivoisé qui le suivait partout, même au bois de Mortho. Un chasseur l'y tua par erreur, tandis que le bon prêtre disait son bréviaire. M. Carion fut affligé de cette perte; la paroisse partagea sa peine, et vit un sinistre présage dans ce petit événement qu'elle n'a pas encore oublié.

abatte des capielles, des calvaires et d'z'é'glises : des quieins poursuitent, ain abaïain, c'pourceu-ziglé[1] ; i n'l'r'laçain point tout d'quaru qui queisse percé d'balles ; tieins, foïe d'queurtiennes ! C'est ainsain qu't'cocience qu'a t'poursui et qu'a t'poursuira, ain t'r'proçain t'zoutrazes d'quaru qu'l'bon Diu t'épeuteurra aveucq s'pus grosse tonoire. Nos avain d'l'rélizion, i nos feut ainne église, einteins-tu d'ça ? Quain tain roux Miein dro nos faire coper l'gorze !..... avain qu'teu démeulisse c'l'église-là qu'c'est l'neulle, t'attrap'ras a t'caboce cein qu'v'la dains nos moins et nos écourceus. Va-t-ain putot, à ceul fin qu'tain sang pourri n'messain point l'pesse dains z'vilaze. Aincore ainne fos, laid roux Zudas, queurs aveucq tes pareils, laisse ces braves zeins trainquilles, u bein, foïe d'femmes d'honneur ! teu vas être décipouillé.

Paroles d'un Aubencheulois demandant au conseil municipal qu'on donne suite au vote émis pour l'érection d'un presbytère.

Ah ça, si vos veulez m'l'permette, pus qu'nos sons rasseinnés teurtous ci dreuci, z'dirai fraincimein çou qu'z'peinse sull'quession d'euce prébytère. D'abord, i'n'feut point s'troper, il n's'azit point tain d'savoir si ain ara ainne mason d'cure, qu'si ain ara ain curé ; à queuse, vos l'avéïez bein, sains prébytère, point d'curé pou Aubinceu. M. Beuvo il est parti à Vendhuile à queuse d'ça, d'puis adon nos avain été al vilvareude d'tous ces vilazes d'ces alentours. Ça été auzord'hui ces curés d'Biervo, d'moin ceusse d'Malicourt, d'Vendhuile ; pou leur c'n'est ain qui d'meure à Villers, et qui s'ein ira béteu comme l'zeutes. Pou couper court, nos n'avain éïu çonq en quatte ains d'teins ; et si s'sixième no tourno l'dos, nos s'rain tout éoute aveucq no peuce à no bouque.

---

[1] Pourceu-ziglé, sanglier. Les sangliers étaient jadis communs aux environs d'Aubencheul ; on en a encore tué un au bois de Mortho dans l'hiver de 1838. On y voyait aussi quelques rares chevreuils, des blaireaux, des écureuils ; toute cette faune a disparu depuis une vingtaine d'années, par le défrichement des bois de Vaucelles, des Ardissarts, de Ghizaucourt et de Beaurevoir.

l feut qu'zu la finissain ; ces zonnes zeins n'avain pu l'crainte ni d'Diu, ni d'père et mère, ni d'personne ; nous memme, ain est tout éparveudé pou l'salut d's'amme, ain est espeusé à meurir comme des quiens, seuf vo respect : et ain vilaze sains curé, c'est ainne mason sains père. D'eucains ditent : « Plaçons c'prébytère al gardin Madamme, i s'ra béqueu miux. » Mais créième, ceusse qui s'donain l'air d'veuloir si bein faire, c'est qui n'veulain rein faire. I savain qu'c'gardin Madamme, c'est pou loteins encore du bien d'mineure, qu'ain aro mille ahurissemeins pou l'faire veinne ; qu'vos n'vot'rain point c'prix d'açat, etc. Si z'vos l'fais trop longue, z'finis ain disain : bâtir ain brébytère einter el mason L'fève et c'l'église, c'est l'seu moïen d'n'avoir ain, et d'apriveuser ain curé.

Et n'est-i point teins qu'ces vilazes vosins n's'moquain pus d'nous, ain daintiain qu'nos sons ain tas d'pofes, d'maladros, qu'nos n'savain point t'nir d'curé, qui sont r'crains d'nos préter l'leu ? I feut donc acever cein qu'ain a qu'mincé, et n'point faire rire l'monne d'nous en azissain comme d'z'enfants qui défésain auzord'hui çou qui z'avain fait hier.

INTERPRÉTATION

DE QUELQUES MOTS DU PATOIS D'AUBENCHEUL.

Adon, alors.
Ahurissemeins, embarras.
Apeurnain, apprenions.
Béqueu, beaucoup.
Bouque, bouche.
Bréïain, pleurant.
Brouets, boues liquides.
Caboce, grosse, dure et mauvaise tête
Cabulain, se lamentant.
Caieux, pierres.

Cein, ce.
Ceulle, la.
Créième, croyez-moi.
Daintiain, ricanant.
Debeucemein, tristesse profonde.
Décipouillé, mis en pièces.
Dreuci et deurci, ici.
Ecourceux, tabliers.
Eoute, entièrement.
Epeuteurra, écrasera.

Eparveudé et épirveudé, dispersé sans pouvoir se retrouver.
Ezou, est-ce que.
Gros, ou ces gros, les notables.
Loteins, longtemps.
L'leu, le leur.
L'neulle, la nôtre.
Miein, Maximilien, nom d'homme.
Peuce, pouce.
Pourceu-ziglé, sanglier.
Preinne, prendre.
Rasseinnés, rassemblés.
R'mannein, souvenir, reste.
R'moutraince, ostensoir.

R'nie-Dieu, athée.
R'proçain, reprochent, reprochaient.
Surlinne, Ursule, nom de femme.
Teu, te, tu, toi.
Tonoire, tonnerre, foudre.
Trennards, trembleurs.
T'r'proçain, te reprochant.
Triné, traîné.
Veinne, vendre.
Vilvareude, ballotage, jouet.
Vinssain, viennent.
Viux, ces viux, nos aïeux.
Zeins, gens.
Zonne, jeune.

SEIGNEURS DE SCURVILERS ET AUBENCHEUL.

DATES.

640 Avant cette époque, la terre de Vincy où se trouve Scurvilers, appartient aux rois de France. Mais en 640, Dagobert la donne à l'église de St-Pierre, laquelle se transforme plus tard en l'abbaye de St-Aubert, à Cambrai.

...... L'abbaye de St-Aubert possède l'autel, et probablement la seigneurie de Scurvilers.

...... La famille Godin ou Hodin porte le titre seigneurial de Scurvilers, et y revendique des droits de terrage.

1216 Bauduin d'Aubencheul, mari d'Oda, est seigneur de Scurvilers.

1233 Les abbesses du Verger deviennent Dames seigneuriales de Scurvilers et d'Aubencheul, par la donation de Bauduin et d'Oda.

LISTE DE CES ABBESSES.

1 Elisabeth Ire, religieuse de Blandèke, préposée en qualité d'abbesse du Verger en 1227.

2 Marie de Beamés, ou peut-être Baumés.

3 Joie de Belloeil. Elle fait en 1241 un échange de terres avec l'abbaye du Mont-Saint-Martin.

4 ELISABETH II. Elle abandonne à l'abbé de St-Sépulcre les dîmes de Graincourt en 1244.
5 MARGUERITE DE COUCHY, ou peut-être Coucy.
6 AGNÈS DE VAULX.
7 PHILIPPA DE VILLERS.
8 MARIE II, D'ESTRÉES. Ce fut probablement cette abbesse Marie qui échangea en 1298 avec Gobiers, abbé du Mont-St-Martin, des terres situées à Gouy et à Aubencheul.
9 MARIE III, DE MONTIGNY.
10 JEANNE Ire, DE VILLERS.
11 JEANNE II, DE VERTAING.
12 PHILIPPA II.
13 JEANNE III, DE MONDESCOURT, peut-être de Monstrecourt.
14 JACOBA Ire, LEMOISNE.
15 IDE.
16 SAINTE.
17 ALÉIDE DE GRIBOVAL.
18 MARIE IV, DE CERF, peut-être le CERF.
19 CATHERINE Ire, DE GRIBOVAL.
20 JACOBA II, DE ROUVEROY.
21 CATHERINE II, DE GRANGES.
22 BARBE DE ROCOURT. Elle cède des terres pardevant la justice d'Aubencheul, à un homme de Villers-Outreaux. (1545).
23 CHARLOTTE DE ROCOURT.
24 JEANNE IV, DE MAUGRÉ. Elle construit une chapelle dédiée à la Sainte-Trinité, et environne le couvent de murs plus solides.
25 CATHERINE II, DE LA CHAPELLE.
26 HIÉRONYME DE ST-AMAND. Elle dirige le couvent pendant quarante années au milieu d'une infinité de peines causées par les guerres; elle subit une anti-abbesse intruse en 1588 par Balagny. « Comme l'archevêque Berlaymont se trouvait à Tournay, fuyant l'usurpation et la tyrannie de Balagny, Marie de Hennin s'adressa à lui

pour le prier de la bénir ; elle s'était fait donner par Balagny l'abbaye du Verger, sachant que Hiéronyme de St-Amand voulait se démettre. Mais l'archevêque ne voulut jamais accepter cette démission, encore moins consentir que l'usurpateur de sa souveraineté disposât ainsi de cette abbaye à son préjudice, et ce, sans élection, et contre toutes les règles canoniques [1]. »

27 CATHERINE IV, DE BASSECOURT. Elle bâtit une grande partie du refuge de Douai, et est dite abbesse du Verger environ l'an 1620. — Six ans auparavant (1614), la justice d'Oisy avait fait brûler vives, dans ce bourg, une forte partie des religieuses du Verger, sous prétexte de commerce avec le démon.

28 ANNE SERRURIER. Elle est affligée de nombreuses calamités amenées par les guerres. En 1641, les religieuses réfugiées à Douai, avaient eu leur couvent pillé quatre-vingts fois. Elles obtinrent du roi un sursis pour le paiement de leurs dettes.

29 MADELEINE DE BASSECOURT.

30 FRANÇOISE DE FRANEAU, ou FRAISNEAUX. Elle est désignée abbesse au mois de juin 1681. Elle décharge le monastère de lourdes dettes, et le restaure en tout sens.

31 ALDEGONDE DU PRET. Elle gouverne louablement de 1697 à 1711.

32 FLORENCE WERBIER, ET VERBIEST. D'abord prieure, elle est coadjutrice en 1716, confirmée en 1717, par l'abbé de Clairvaux, et citée comme abbesse en 1726.

... VICTOIRE LANSIARRE. Elle est mentionnée en 1768, comme très méritante, par l'abbé de Vaucelles, qui visite ce couvent en qualité de vicaire-général, et trouve tout dans un ordre excellent.

---

[1] Manuscrit de la Bibliothèque communale de Cambrai, n° 883, année 1588.

MAYEURS ET MAIRES D'AUBENCHEUL.

La justice d'Aubencheul, c'est-à-dire le mayeur et les échevins, dresse un contrat de vente pour Barbe de Rocourt, abbesse du Verger. L'acte est de 1545.

Félix Caron, mayeur. 1660-1663.
Jean-Philippe Delevaque, idem 1665-1690.
Jean Puche, id. 1704.
Paul Passet, gendre de Delevaque, id. 1720.
Henri Caron, id. 1720.
Michel Caron,
Azoire Caron,   } Dans l'ordre de succession ci-indiqué, mais sans dates précises.
Alexandre Passet,
Philippin bailli ; Hubant, greffier ; Goury, procureur du Verger pour Aubencheul. 1758.
Charles Passet, fils d'Alexandre, mayeur. 1789.
Théodore Passet, élu maire. 1789.
Antoine Millot, id. 1791.
Maximilien Caré. 1792-1796.
Martin Loubry. 1797-1800.
Hyacinthe Passet. id. 1800-1816.
Augustin Passet. 1816-1831.
Noël Milhem. 1831-1835.
Ildéfonse Passet. 1836-1846.
MM. Lefèvre-Chauwin et Cappart, maires par intérim. 1846-1849.
Charles Clavier. 1849.

CURÉS ET DESSERVITEURS.

Pierre Marronnier.
Antoine de la Vacquerie. Il fut curé de Crèvecœur.
Philippe Templeuve. Il fut curé de Crèvecœur.
Jean de Cornuaille. Il fut abbé de Saint-Aubert en 1596
Hercule du Chastel.

Ces titulaires sont des religieux de Saint-Aubert. A cette

époque, la dite cure jouit de vingt-quatre mencaudées de terre labourable, d'un presbytère bâti sur deux boisselées, du huitième à prendre partout aux champs, de toutes les menues dîmes et de l'autel seul ; plus, du droit que l'abbaye de Saint-Aubert a sur la dîme des laines, montant par années à cinquante florins de roi.

Mauronte de BELLAIN. Il fut curé de Crèvecœur. L'abbé de St-Aubert le propose à la cure d'Aubencheul le 10 juin 1620. Il lui assigne une pension de deux cents florins et de seize mencauds de blé par an. A ces conditions, et le déclarant très apte, l'abbé prie l'archevêque VANDERBURCH de lui conférer les pouvoirs nécessaires.

Jean GUÉRIN, curé de Villers-Outreaux et desserviteur d'Aubencheul, en 1665.

Jean TRÉCA, curé d'Aubencheul, en 1676.

MATHIEU, id. 1694-1699.

LECAT, id ; curé en 1699, et prieur de 1700 à 1708.

N. BONIFACE, curé, de l'an 1708 à 1713. Il fit l'éducation d'un neveu du même nom, lequel devint curé d'Etrun, refusa le serment constitutionnel, resta intrépidement dans sa paroisse, et ne s'exila qu'au plus mauvais jours de 1793.

DUFOUR, curé en 1713-1716; prieur en 1717-1723. M. Dufour fut créé abbé de la maison de Cantimpré notablement déchue. Il la transféra au prieuré de Belinghem, entre Halle et Bruxelles. Il la faisait refleurir quand il fut calomnié et compromis par quelque-uns de ses religieux. Victime de son zèle et de sa bonne foi, dégoûté par la méchanceté des hommes, il revint vivre et mourir dans le tranquille exercice des vertus chrétiennes en son refuge de Cambrai. Il y célébra sa première messe de retour le jour de Noël 1739, et y rendit le dernier soupir le 22 août 1768.

SALÉ, prieur. 1724-1727.

LENGLET, desserviteur, 1728.

Pierre Bauduin, curé. 1728-1731.
Charles François Rousselot. 1732-1736.
Henninot, vicaire, puis desserviteur. 1734-1736.
Bertrand, curé. 1737-1739.
Polchet, curé. 1739-1745.
Watier, id. 1751......
Canonne, id. 1754...... De son temps il y avait dans l'église d'Aubencheul une chapellenie de la Bienheureuse Vierge Marie, annexée en 1666, et devant trois messes par semaine. Il s'y trouvait encore une seconde chapellenie dite également de la Bienheureuse Vierge Marie, et devant une messe par semaine [2]. C'était probablement la fondation de Jean-Philippe Delevacque et d'Antoinette Savary, sa femme, pour lesquels on disait une messe chaque semaine, et qui étaient recommandés au prône chaque dimanche avant 1790.
Despinois, Curé. 1763......
Abraham, id. 1769......
Carion, id. 1770-1791.
Rollez, coadjuteur. 1790.
Thiède, intrus. 1791. Il est officier public d'Aubencheul en 1793.
MM. Lemaire, missionnaires cantonnaux.
Grainchon, curé provisoire pendant la persécution.
Poirette, desservant. 1802.
Soyez, vicaire du Catelet, chargé d'Aubencheul. 1803
Beauvois, curé 1803-1828.
Brucelle, curé de Beaurevoir et d'Aubencheul. 1828.
Dien, id. 1828.
Havet, curé de Malincourt, et chargé d'Auhencheul. 1829.
Housset, curé de Vendhuile et d'Aubencheul. 1831-1834.

---

[1] Archives départementales.
[2] Index universalis diœcesis Cameracensis, 1759. N° 13810 de la bibliothèque communale de Cambrai.

CARLIN, curé d'Aubencheul et chapelain de Montécouvez. 1834.
L. BONIFACE, curé d'Aubencheul et chapelain de Montécouvez. 1835-1840.
GOZÉ, curé d'Aubencheul. 1840.

BÉNÉFICIERS DE LA CHAPELLENIE

DE LA BIENHEUREUSE VIERGE MARIE.

20 livres de taxe.

1546 Jean LEDUC, doyen de Saint-Géry en 1546.
1558 Jean DUMONT.
1558 Jacques HERMAN, par résignation de Jean DUMONT. Jacques HERMAN donne trois florins pour le droit.
1574 Grégoire de HOGNE, doyen de Saint-Géry, et auteur de quelques tragédies latines.
...... MESSEN, chanoine, doyen de l'église de Saint-Germain à Mons.
...... François BUISSERET ; il devint évêque de Namur et archevêque de Cambrai.
1601 Oudard DRUET, clerc du diocèse de Liège. François BUISSERET, élu évêque de Namur, lui abandonne sa chapellenie *gratis en faveur d'un excellent ami*, dit l'acte. La collation en est faite le 15 juin 1601, par Antoine de POVILLON, abbé de Saint-Aubert.
...... Charles de BOVINCOURT, curé de Crèvecœur, chanoine de Saint-Aubert.
...... Mauronte de BELLAIN, par la démission de C. de Bovincourt.
1630 WALRO, chanoine de Sainte-Croix.
......Jean MANSON, habitant la ville de Namur.
1666 Jean PIERSON, prêtre.
  A cette époque, la chapellenie est réunie à l'... ...'A...bencheul.

HOMMES REMARQUABLES D'AUBENCHEUL.

Au dernier siècle la commune d'Aubencheul produisit quelques hommes assez remarquables dans la contrée. Ce fut premièrement M. l'abbé Dessenne. M. Templeux, curé de Saint-Aubert à Cambrai, lui fit donner une éducation à laquelle le protégé répondit si bien qu'il devint prêtre. Le jour de sa première messe fut une fête pour le village, tout le monde y assista, et chacun témoigna de sa joie par une abondante offrande; M. Templeux s'y trouvait comme à son triomphe. M. l'abbé Dessenne entra à l'abbaye de Vaucelles; il y tint aussi longtemps qu'il put, et dut se sauver par une fenêtre, quand les émissaires de Lebon vinrent pour l'arrêter et le conduire à l'échafaud. Après son retour de l'exil, il fut nommé principal du collége de Cambrai, et il mourut chanoine de la Cathédrale de cette ville [1].

Ambroise Lefranc, chanoine, un des sauveurs de l'église d'Aubencheul. Pierre Lefranc, avocat, juge et procureur impérial à Cambrai.

Ajoutons à ces noms celui de P. J. Boucher, qui appartient à Aubencheul par ses services et par sa mort. Arrivé dans ce village comme clerc et instituteur en 1827, il s'y concilia immédiatement l'estime générale, par son zèle pour la religion et les progrès de ses élèves. Il faisait le bonheur de sa digne épouse, Athénaïde Puche, et préparait celui de ses enfants, lorsqu'une maladie contractée dans l'exercice consciencieux de ses fonctions, l'enleva en 1847. Il fut profondément regretté de ses amis, de la paroisse et de la commune entière, qui perdaient en lui un clerc, un instituteur et un secrétaire difficile à bien remplacer.

---

[1] Ces renseignements et plusieurs autres sont dus à l'obligeance de M. Gozé, curé actuel d'Aubencheul.

HAMEAUX VOISINS D'AUBENCHEUL.

LE PETIT-CRÈVECOEUR, LA VIÉVILLE, LE POINT-DU-JOUR OU PETIT-VILLERS.

En arrivant à Aubencheul par le chemin du Barbaquenne, on trouve à gauche, vis-à-vis du calvaire et dans l'angle formé par le chemin de Montécouvez avec la rue de l'Echelle, quelques maisons dont l'ensemble porte le nom de Petit-Crèvecœur. En suivant vers l'orient cette même rue de l'Echelle ou de Villers, on arrive bientôt aux fermes de MM. Simon et Passet, situées sur une terre qui porta jadis le nom de Viéville ou Vieuville. Celle de M. Simon fut rebâtie en 1832 par M. Eugène Lefranc, à la place de très anciennes constructions ; et celle de M. Passet fut érigée par son bisaïeul sur un terrain non amasé. Un fils puîné de Jacques, seigneur de Crèvecœur, épousa vers la fin du quinzième siècle, Bonne de la Viéville, héritière de la Vacquerie ; il en eut plusieurs descendants qui portèrent les uns après les autres les titres de leur mère et aïeule. Serait-ce de là que viendrait la dénomination de Viéville ou Vieuville affectée à ces fermes?

Vis-à-vis de la partie orientale de la Viéville, dans l'angle formé par les chemins de Villers et de Beaurevoir, se trouvent quelques modestes habitations portant les noms de Point-du-Jour ou Petit-Villers. Au sud de ces maisons, existaient autrefois des constructions importantes dont on découvre de temps en temps les fondations, les puits et les caves. Le Petit-Crèvecœur, la Viéville, le Petit-Villers et le Bois-Maillard dont nous parlerons bientôt, suivent les exercices religieux d'Aubencheul, et ont leurs inhumations dans le cimetière de cette paroisse.

LE BOIS-MAILLARD.

La terre où s'élève ce hameau doit son nom à la famille assez remarquable dont un membre, Guillaume Maillard, était gouverneur de Crèvecœur en 1096. Sept ans après (1103), elle était possédée par Hilduin Maillard, seigneur de Trescault et de la Terrière. Un de ses descendants portant le même nom, donna, en 1175, à l'abbaye du Mont-St-Martin douze mencaudées de terre tenant audit hameau. Wattier de Maillard, Chevalier, est reconnu comme l'un des bienfaiteurs des abbayes d'Honnecourt, de St-Aubert et de Prémy. Un autre membre de cette famille, Simon Maillard, écuyer, fut, en 1278, francfiévé ou officier de l'évêque de Cambrai. On peut croire d'après un contrat de 1354 que cette localité tenait alors à un bois aujourd'hui défriché. Il y est dit : « Sachent tout chil etc., que pardevant *Willaume de Wilhem* Bailliu de Crievecuer, de très excellent et poissant Prince Monsr. le *Duc de Normandie* et les frans hommes en son Castiel de Crievecuer chi après nommes est assavoir Mons *Ansiel de Lievin* chevaliers, *Destamé Daneus, Iacquemars Turpin, Gilles de Haloy, Robiert l'Enfans, Iehans d'Espinoy* dit *Forestel, Sandrart de Hordaing, Mahieus trois... Iac-quemart Mubeuché* vinrent et comparurent personnellement *Gautiers de Hargival* Escuyers, et Demisielle *Isabiaus* se femme, liquels conjoins recognurent que por leur plus grant pourfit évidamment apparent il avient vendu etc, à hault home et noble *Watier d'Esturmel* Escuyer, et à Demisielle *Iehenne* se feme iretaulement à tosior le treffons de xix mencaudées et xx verges de bos séans ale... du Gayant, tenant au bos *Maillart* d'une part etc. Ce fut fait à Crievecuer, en le sale de Monsr. *Ansiel Lievin* Chievalier, dessus dit le vendredi prochain avant le Trinité, l'an de grasce M.CCC.LIV. » [1].

---

[1] Carpentier, preuves.

Au reste, les archives de Crèvecœur renferment un grand nombre d'actes concernant ce hameau.

Quand les dames du Verger entretenaient à Aubencheul une espèce de château, le Bois-Maillard était un des plus vifs objets de leur sollicitude maternelle; il avait toujours une large part dans la rente de cent livres que l'abbesse de ce couvent et le prieur de Cantimpré devaient distribuer annuellement en draps, chausses et souliers aux pauvres de Crèvecœur. Ce hameau se reliait alors à Aubencheul par un chemin vert, bordé d'une double ligne de peupliers; il jouissait d'une place publique vaste et gazonneuse, à laquelle venaient aboutir quatre allées coupées en croix régulière, larges, droites et ornées, sur chaque côté, d'une charmille en berceau.

Les abbesses du Verger, parcourant leurs fermes du voisinage, aimaient à se promener dans ce calme palais de verdure et à s'y distraire des peines souvent accablantes de leur administration. Les malades des alentours et les sœurs convalescentes venaient y respirer l'air des champs mêlé aux parfums du souple chèvrefeuille ou de la virginale aubépine. La personne languissante y contemplait les jeux innocents des légers oiseaux, elle se complaisait à leurs chants harmonieux, et s'essayait ainsi à cette douce joie capable de faire refleurir la santé du premier âge [1]. Quelquefois même la jeunesse d'Aubencheul est venue s'y livrer à de vertueux amusements sous l'œil du pasteur [2] et des parents, tandis que le vieux laboureur, assis à l'ombre, s'entretenait tantôt des temps regrettés où il était jeune aussi, et tantôt du jour où il commencerait à mettre la faux dans ses blés.

Les seigneurs d'Oisy voyaient de mauvais œil et persécutaient le Verger depuis longues années, quand le comte de ce

---

[1] Animus gaudens facit ætatem floridam. (Prov. ch. 17.)
[2] Le pasteur d'Aubencheul fut aussi celui du Bois-Maillard, dont la dîme lui était affectée depuis 1728, à la charge de desservir ce hameau.

bourg, du nom d'Assignies, prit la résolution de spolier le couvent. Les titres de donations de Jean, comte de Chartres, et de Bauduin d'Aubencheul, écrits selon l'orthographe latine du treizième siècle, portent *michi* pour *mihi*, comme on disait *mi* pour *moi;* s'appuyant gravement sur ce ridicule prétexte, d'Assignies prétend que ces écrits ne sont pas authentiques, il intente en revendication de biens un procès aux pauvres religieuses. En même temps (1767-1778), la commune de Crèvecœur recourt aux tribunaux pour empêcher les habitants d'Aubencheul d'aller recueillir de l'herbe et mener paître leurs bestiaux dans les allées et sur les terres du Bois-Maillard. Effrayées et dégoûtées par cette conduite d'épervier, les timides colombes du Verger tirent à la hâte parti du château d'Aubencheul ; elles abandonnent les promenades du hameau protégé, et les quelques maisons construites, avec leur secours, en assises alternatives de briques et de pierres blanches. Dès lors, ce hameau commence à s'appauvrir et descend bientôt à une profonde misère. Aujourd'hui, le voyageur qui longe le gravier d'Aubencheul à la route de Saint-Quentin, ne trouve plus, à la place de l'élégant Bois-Maillard, que quatre ou cinq chaumières du plus triste aspect; une place et des chemins rognés chaque jour, enfin quelques buissons rabougris et mourants.

La zône de terre qui s'avance de la ferme des Anglées jusqu'à la Pannerie de Pienne, est glaiseuse et trop humide une grande partie de l'année. Un curé d'Aubencheul, causant avec ses paroissiens de leurs intérêts agricoles, les avait souvent engagés à drainer les portions de cette zône situées près le bois de Mortho et le hameau dont nous parlons ; il leur avait expliqué les diverses manières d'employer ce puissant moyen d'amélioration. Vingt ans après ces conseils, (1855), les terres du Bois-Maillard furent soumises au drainage, et acquirent ainsi une plus grande facilité de culture avec une plus grande capacité de production.

BONABUS.

Les religieux de Vaucelles, se relevant dans leurs travaux sur le Mont-des-Bruyères ou Montécouvez, avisaient la riante surface d'un coteau placé au sud, et traversé par le gravier de Belaise à l'ancien Scurvilers. Cette terre hérissée de broussailles, mais éminemment propre à l'agriculture, était ce qu'on nommait alors Boni absus [1], bonnes friches, d'où a pu lui venir le nom de Bonabus qu'elle a porté jusqu'aujourd'hui. Ils arrivèrent donc un beau jour, munis d'instruments et de courage, pour fertiliser ces landes et construire une ferme près de la route déjà citée, à deux kilomètres de Scurvilers et de Montécouvez. Dans la suite, un calvaire y fut dressé presque sur l'emplacement de celui d'aujourd'hui ; il est indiqué dans une carte de 1696 [2], et il ne tomba qu'à la révolution sous la hache des modernes iconoclastes.

Dans la première moitié du siècle dernier, le fermier de Bonabus se trouvant à Cambrai pour le marché de Noël, prit part à une querelle, puis à une bataille, et fut si maltraité qu'il ne survécut à ses blessures que par une espèce de miracle. Toutefois, ce ne fut ici qu'un petit événement qui devait être, un siècle après, refoulé dans l'oubli par deux crimes d'une toute autre gravité. Un jeune homme de Banteux, berger à Bonabus, prétendait à la main d'une jeune personne de Crèvecœur qui avait déjà plusieurs fois écarté ses demandes. Un jour du mois de juillet 1811, comme elle revenait de Saint-Quentin, elle passa vers midi près de la ferme dont nous parlons ; le berger vint à sa rencontre, lui renouvela ses propositions que la jeune fille rejeta de nouveau. Devenu furieux, ce prétendant désespéré

---

[1] Les mots *absus* et *cacabus* sont employés dans des actes anciens, pour désigner des terres improductives, situées aux terroirs de Gouy et de Villers-Outreaux. On dit encore, aux environs, *des abuses* dans le sens de *choses sans utilité*. Voyez Ducange.
[2] Carte du Hainaut et du Cambrésis, par Nolin.

saisit sa victime qui se débat vigoureusement et longtemps, qui appelle du secours à grand cris, mais en vain; personne n'est aux champs à cette heure. Il l'immole enfin à coups de pieds et de couteau, lui faisant en outre déchirer les habits et les chairs par ses chiens. Puis, il transporte dans un champ de blé vis-à-vis du calvaire actuel, le cadavre de la chaste et infortunée jeune fille.

Un jeune homme d'Aubencheul, appelé Dessenne, découvrit la victime le lendemain; gravement soupçonné, il fut détenu par prévention durant trois mois. Il ne recouvra sa liberté qu'à l'instant où le vrai coupable, trop protégé par la dame de la ferme, tomba enfin publiquement convaincu de l'assassinat, et s'entendit condamner aux fers à perpétuité. Pour instruire la cause, on cita la mère de la victime; mais à peine eut-elle les yeux frappés par l'aspect du coupable et les vêtements déchirés, ensanglantés de son enfant, que de profonds soupirs étouffèrent sa voix, qu'elle s'affaissa évanouie sur les bras de l'assistance. On l'emporta ainsi de la salle du tribunal où il ne lui fut plus jamais possible de reparaître. Dès ce jour sa raison demeura égarée; on voyait souvent cette pauvre mère parcourir sa maison, son jardin, les haies des alentours, cherchant, appelant sa fille, demandant aux voisins s'ils ne l'avaient point vue arriver, et les priant de l'aider à la retrouver.

Vers la même époque, M. Lanthier, fermier de cette exploitation, revenant un soir de Cambrai, fut attendu et tué d'un coup de fusil aux environs du bois de Vaucelles et de Bonnenfance. Ce crime parut avoir un côté analogue à celui que nous venons de rapporter; les bruits les plus scandaleux coururent à l'égard des auteurs de la mort du vertueux et infortuné mari. L'épouse de l'estimable et bon M. Lanthier se remaria quelque temps après, et se montra toute sa vie généreuse envers les pauvres; ses aumônes suivirent même la gradation de ses années. Augustine Véret, tel était son nom, fit présent à l'église d'Aubencheul d'étoffes de soie provenant de la riche toilette de sa jeunesse, et devant servir à confectionner des ornements de première nécessité. Décédée sans enfants vers 1830, elle avait ordonné par son testament qu'un calvaire fût érigé et entretenu à la place de l'ancien, au bout de l'allée qui joint Bonabus à l'antique route pierrée ; qu'une messe fût chantée à perpétuité chaque semaine, le jour de sa mort, pour le repos de son âme, dans les églises d'Aubencheul et de Crèvecœur. Ces fondations, qui reposent sur une portion de terre du marché de Bonabus, sont ponctuellement déchargées, spécialement en ce qui concerne les messes à dire chaque samedi, jour où la testatrice quitta ce monde pour l'éternité.

Le nouveau Calvaire fut planté non loin de la place où se trouvait l'ancien. Il était relié à la ferme par une antique et superbe allée de peupliers dont les belles pyramides s'élançaient majestueusement dans les airs, et faisaient admirer à cinq lieues de distance leurs cimes ondoyantes. Mais ces arbres occasionnaient quelque dommage sur les récoltes, ils ne purent trouver grâce au tribunal de l'intérêt, et tombèrent sous la hache d'un calcul mesquin. Quelques années plus tôt, cette même question d'intérêt avait engagé le propriétaire des champs qui s'étendent sur la déclivité entre Bonabus et Aubencheul, à en augmenter les rendages. Aucun fermier ne consentit à cette hausse de prix, les terres furent laissées en friche durant l'espace de cinq ou six ans, jusqu'à ce que le propriétaire comprit qu'il fallait abandonner ses prétentions. En attendant, les Aubencheulois peu aisés, profitant de cette querelle, cultivèrent à bras et pour leur profit, certaines portions de ces terres, sans payer ni impôts, ni rendages.

L'usufruitier de Bonabus étant mort en 1856, sa ferme fut presque totalement réduite en cendres au mois de décembre 1857. La rumeur publique attribua ce sinistre à des espérances trompées, à une vengeance qui avait prononcé des menaces ; mais contre laquelle on aima sans doute mieux ne pas trouver de preuves convaincantes.

Bonabus suit les exercices religieux d'Aubencheul, et a ses inhumations à Crèvecœur.

MONTÉCOUVEZ.

Une éminence, d'où les regards plongent tout autour sur un magnifique panorama champêtre, s'élève à trois kilomètres nord d'Aubencheul; on l'appelle Montécouvez, c'est-à-dire Mont des bruyères ou Mont écobué [1]. A peine saint Bernard avait-il peuplé la nouvelle abbaye de Vaucelles fondée en 1131, que les religieux de cette maison résolurent de fertiliser les landes dont nous parlons. Ils se mirent à l'œuvre au nombre de cent trente frères convers; bientôt genêts, bruyères, broussailles, hautes herbes et gazons, tout fut coupé, arraché, mis en tas et brulé : les cendres de ces végétaux servirent de premier amendement à un terrain généralement compacte et alumineux. En un mot, le mont était écobué ou écouvé, et prenait place dans l'histoire locale avec l'importante ferme qui allait le couronner.

Pour concevoir une idée des privations et des peines que ces religieux s'imposaient, il suffit de parcourir l'histoire de l'abbaye du Mont-Saint-Martin, écrite en latin par un auteur presque contemporain de sa fondation; il y est dit des cinq cents frères convers rassemblés en moins de douze ans à Boni : « Ils défrichaient les bruyères et les bois d'alentour, ils les fertilisaient, tout en n'employant que des pioches, des bêches, des houes, des charrues à bras, des rateaux ou petites herses, des sarcloirs,

---

[1] M. Chotin dit dans ses *Etudes étymologiques* que Escouvemont signifie Mont des bruyères. Près de Cassel (Nord), le Mont-des-Récollets, couvert jusqu'à ce jour de bruyères et de buissons, s'est appelé le Mont-d'Escouffles jusqu'en 1610, époque où les Récollets s'y établirent sans toutefois le fertiliser, sans en faire un Montécobué ou écouvé. Les Angevins nomment *écobus* les terres laissées en friche plus de trois années ; et l'on sait que le mot *écouves* désigne des balais de toute espèce faits de bruyères, de genêts et de grandes herbes. Pour ce qui est de l'orthographe du nom de ce hameau, Jongerlin écrivait Montescouue en 1640 ; on a écrit depuis Mont-escouvé, Mont-écouvé, Monté-couvé, Montécouvé, et enfin Montécouvez. Le peuple prononce souvent Mont-dé-couvé.

sans chevaux et sans bœufs, chacun s'imposant le pénible travail de ces animaux, « *unusquique sibi bos erat, unusquisque ut jumentum* », chacun était son bœuf, et chacun son cheval. » Telle fut l'existence des fondateurs du hameau de Montécouvez qui vivaient dans la même forêt, le même canton, le même temps et les mêmes sentiments. Quant à l'heureuse transformation qu'ils imprimèrent au sol, elle est facilement comprise par l'observateur qui visite, dans la Flandre, le Mont-des-Cattes où, de 1826 à 1840, les Trappistes changèrent toute une large montagne de sable et de bruyères en campagnes fertiles et en gras pâturages.

Forcés d'abandonner pour quelques temps la nouvelle métairie, parce qu'ils manquaient d'eau, les religieux y revinrent au temps de Robert de Saint-Venant, célèbre abbé de Vaucelles en 1204-1238. Celui-ci, après avoir construit autour du couvent un mur de plus d'une lieue de circuit, voulut défendre aussi Montécouvez contre les brigandages et les attaques guerrières si fréquentes au Moyen-Age; il le ceignit de fortes murailles. Dès lors, l'établissement religieux et agricole représenta une petite forteresse que traversait le chemin de Villers à Crèvecœur. On y entrait par deux portes, surmontées de belles et imposantes arcades; celle de l'Est, placée entre les granges actuelles de madame Carpentier et la maison de la veuve Maillot, a disparu depuis longtemps; celle de l'Ouest, bordant la voie de Malassise à Aubencheul, menaçait ruine quand M. Simon, à qui elle appartenait, la fit abattre en 1812. La masse en était si considérable que le bruit de la chute retentit au loin dans les champs, et que la secousse imprimée au sol, occasionna des lézardes aux bâtiments du voisinage.

Le successeur de Robert, Adam de Wanonlieu (1238-1252), se distingua en érigeant la très vaste grange de Montécouvez, « *Grangiam de Montescouue longe amplissimam.* » Comme l'exprime Jongerlin dans son histoire des abbés de Vaucelles,

Cette grange avait quatre-vingt-dix-sept mètres de longueur sur trente-cinq de largeur; les murs latéraux étaient d'une épaisseur de deux mètres, et ceux des pignons en avaient près de trois (2 mètres 90 centimètres). Les carrières de Vaucelles, la sablière du bois de Mortho, les forêts des environs avaient fourni de nombreux matériaux prêts à la mise en œuvre, lorsque tout-à-coup les trois cents frères convers et une partie des cent quarante religieux qu'avait réunis l'abbé Adam, arrivent à Montécouvez, et y construisent comme par enchantement la grange extraordinaire. L'imagination de nos aïeux ne put tenir contre la promptitude et le grandiose de cet ouvrage ; elle en donna une explication conforme aux idées du temps. Cette explication, ou cette allégorie, a un peu varié quand la terre de Montécouvez fut livrée à l'exploitation de fermiers laïques; nous la donnons ici telle qu'on la racontait encore naguère dans les longues veillées de nos villages. « Un jour, le fermier de Montécouvez se promenait à pas lents sur les terres du hameau ; il réfléchissait profondément aux moyens d'obtenir une grange devenue nécessaire, mais que ses ressources ne lui permettaient pas de construire. Bientôt, le démon se présente à lui d'un air sympathique et complaisant ; il l'interroge sur l'inquiétude qu'il remarque dans ses traits et sa démarche ; puis, il promet une belle grange pour le lendemain, si le favorisé consent à lui donner son âme. Le traité est conclu avec la clause que l'âme cessera d'être engagée, si la construction n'est pas achevée au premier chant des coqs. Aussitôt les plans se tracent, les matériaux se préparent dans les entrailles de la terre et l'épaisseur des forêts. Vers dix heures du soir, quand tout se repose à la ferme, le démon arrive avec sa troupe infernale, il se met à l'œuvre dans un silence qui laisse dormir jusqu'aux animaux gardiens de la cour.

Le travail avance avec une rapidité féerique; dès deux heures du matin, il ne reste plus que les dernières chevilles du faîte à placer, le dernier nœud de la couverture à former. Dans l'ivresse du succès prochain, les démons frappent les derniers coups de maillet sans les précautions ordinaires. Le bruit éveille la domestique ; elle court avertir le fermier du vacarme infernal qu'elle entend, et apprend de lui son affreux engagement. Par bonheur, cette domestique est adroite et fidèle ; effrayée du péril de son maître, elle se rend au poulailler, et les coqs qu'elle y éveille se mettent à chanter à l'envi. L'édifice n'était pas achevé, le démon perdait la partie : aussi, honteux et furieux de se voir vaincu par le ruse d'une femme, il prend la fuite sans se donner le temps de détruire un ouvrage témoin de sa défaite. Il laisse enfin au trop heureux fermier une grange si spacieuse qu'on n'y ajouta plus rien, si parfaite qu'on n'y toucha plus, et si solide qu'on n'en pouvait arracher ni un fragment de pierre, ni un grain de ciment. »

Le hameau de Montécouvez, ainsi établi, forma une seigneurie particulière relevant de l'abbaye de Vaucelles ; [1] ayant pour armoiries une herse de culture, telle qu'on la voit sur les pierres tombales de la chapelle. Aujourd'hui, il ne demeure pour ainsi dire aucune trace de toutes ces constructions ; les restes du mur d'enceinte tombèrent sous la pioche au commencement du dix-huitième siècle; la grange, saccagée dans le siècle précédent, disparut à cette même époque ; on n'en connaît plus que certaines fondations et la porte d'entrée qui se trouve dans la cour de M. Leroy. A la place des anciens bâtiments, les religieux de Vaucelles élevèrent, de 1715 à 1727, six belles fermes occupées par autant de cultivateurs différents. L'ancienne chapelle dont l'existence nous est révélée par une pierre tombale de 1699, fit place à une nouvelle, construite en 1730, dédiée à saint Michel, et desservie jusqu'à la révolution par un religieux de l'abbaye propriétaire. On avait inhumé quelques personnes dans l'antique oratoire, d'autres eurent ensuite leur

---

[1] Coutumes du Cambrésis.

sépulture dans le nouveau ; mais ces restes mortels furent dispersés sur quelques champs du hameau vers le commencement de la Restauration. Cette chapelle avait été acquise de l'Etat par un fermier de Montécouvez qui avait promis de la revendre aux confiants habitants, aussitôt la tempête révolutionnaire calmée. Toutefois elle fut seulement prêtée lorsque M. Beaunois, nommé curé d'Aubencheul, en recommença le service.

Ce digne confesseur de la foi, ayant été envoyé à Vendhuile en 1814, la chapelle resta fermée de nouveau ; le propriétaire la fit alors creuser pour en former une remise ; le haut fut partagé en greniers superposés ; il n'en demeura qu'un sixième pour l'exercice éventuel de la religion. Ce fut dans cette partie que M. Carlin, nommé curé d'Aubencheul, recommença à célébrer la sainte messe. L'année suivante (1835), M. B....... lui succéda, et il obtint en 1838 que M. Carpentier, devenu maître de ce petit édifice, le prêtât tout entier au service religieux. M. B....... s'était personnellement chargé des frais d'appropriation ; plus tard, deux pieuses familles du hameau, lui remirent secrètement et sans qu'il s'y attendît, leur part de la dépense qu'il avait faite. Cette chapelle, fermée de nouveau quand M. B...... quitta Aubencheul, se rouvrit quelques années après, par l'arrivée d'un vicaire à Villers, et reçut en 1853 quelques embellissements. Espérons qu'elle deviendra un jour la propriété commune du hameau ; et que cette cession, achevant l'œuvre commencée par l'estimable M. Carpentier, scellera la concorde parmi les habitants de Montécouvez, tout en attirant les bénédictions du ciel sur la famille qui l'aura faite !

Au moment de la Révolution, les cultivateurs de cette localité achetèrent de l'Etat les fermes et les champs qu'ils occupaient ; l'un d'eux avait préalablement stipulé, pour son compte, avec l'abbé de Vaucelles, Alexandre Peuvion, que si les religieux rentraient un jour dans leur maison, il leur rendrait son acquisition moyennant indemnité. A cette époque Montécouvez ne fut guère mieux traité qu'Aubencheul par les armées guerroyantes. Mais, dans la partie méridionale du bois de Mortho, partie défrichée vers 1844, il existait une chaumière en torchis, composée de deux pièces, défendue de tous côtés par un fossé large, profond et rempli d'eau dormante ; on n'y abordait que par une planche posée et retirée à volonté. Ce réduit, dérobé à la vue par une épaisse futaie, servait de refuge aux jeunes personnes du hameau. En cas d'alerte, elles s'y retiraient avec leurs mères et y demeuraient quelquefois plusieurs jours sous la protection de quelques fidèles et courageux domestiques. Dieu veilla sur cet asile de la vertu, et permit qu'il ne fût jamais ni violé, ni connu, ni même soupçonné des soldats.

Montécouvez insista en 1842 auprès du gouvernement pour être séparé de Crèvecœur, et former avec Bonnenfance, les Anglées, les Châtaigniers, la Viéville, le Petit-Crèvecœur, le Bois-Maillard et Bonabus, une commune dont il aurait été le centre. Cette séparation, si utile au point de vue religieux et matériel, ne fut pas autorisée. Les familles Leroy, Puche, Simon et Dollé qui habitent ce hameau depuis longtemps, sont très anciennes dans la contrée ; elles s'y distinguèrent autrefois par leur piété, leur vaillance et leurs emplois. On aime encore à citer, par exemple, avec quelle droiture, quelle bonté conciliante et paternelle, M. Charles Leroy y exerça les fonctions de Juge de paix depuis 1799 jusqu'en 1831 ; et l'on sait que la famille du digne et noble Ghislain de Mullet, président à Mortier du parlement de Flandre, séant à Douai en 1675 [1], y compte aujourd'hui plusieurs descendants.

PIÈCES JUSTIFICATIVES.

Nous prions M. le docteur Le Glay d'agréer nos remercîments pour son bienveillant empressement à nous communiquer en ses bureaux, les archives qui pouvaient nous être utiles.

---

[1] Coutumes du Cambrésis.

Nous avons spécialement profité des titres dans lesquels on lit qu'en

1216 Jacques d'Honnecourt vend à l'abbaye de Saint-Aubert sa portion de dîme sur Scurvilers.

1219 Jean de Béthune, évêque de Cambrai, confirme une acquisition de terre faite près de Villers-Outreaux par Bauduin d'Aubencheul ; il reçoit en même temps la promesse que l'acquéreur prendra sur les produits de ces terres de quoi fonder une Chapellenie à Scurvilers. (Voir ci-après).

1224 Adam de Masnières rend à l'abbaye de Saint-Aubert une portion de dîme qu'il retenait injustement sur Scurvilers.

1227 Jean de Montmirail, comte de Chartres et seigneur d'Oisy, donne aux religieuses du Verger tout leur enclos et confirme d'autres donations faites par ses vassaux. Ce titre et le suivant se trouvent imprimés dans le volume numéro 4985 de la bibliothèque communale de Cambrai.

1229 Godefroi, évêque de Cambrai, confirme les donations du titre précédent, et transfère au Verger les biens de l'hôpital situé entre Oisy et Palluel.

1229 Gilles de Masnières vend à l'abbaye de Saint-Aubert toute sa dîme sur Scurvilers et donne à sa femme, dotée par ce revenu, une compensation à prendre sur le reste de son fief situé au terroir de Gouy.

1231 Bauduin d'Aubencheul assigne définitivement sept muids de blé à la Chapellenie qu'il a fondée dans sa *Maison d'Aubencheul en Arrouaise.* (Voir ci-après).

1233 Bauduin et Oda, son épouse, donnent au couvent du Verger toute leur Maison et toute leur terre d'Aubencheul (Voir ci-après).

1236 L'évêque Godefroi confirme cette donation. (Voir ci-après).

1260 Wis, seigneur de Villers-Outreaux, abandonne ses réclamations sur les biens donnés au Verger par Bauduin ; il obtient quelque avantage de la part des religieuses, et leur fait lui-même des donations. L'acte est en Roman. (Voir ci-après un fragment de ce long écrit).

1304 Une nouvelle charte est donnée à Crèvecœur. Cette pièce est en langue romane ; elle aide à corriger quelques expressions de la basse latinité qui forment des non sens dans les copies de la charte 1219.

1666 Gaspar Nemius, archevêque de Cambrai, annexe à la cure d'Aubencheul-au-Bois la Chapellenie de la bienheureuse Vierge-Marie, située en cette paroisse (Voir ci-après).

...... Viennent ensuite: Un pouillé n° 44 de l'abbaye de Saint-Aubert contenant des renseignements sur la cure et la Chapellenie d'Aubencheul-au-Bois.

Les Manuscrits numéros 638, 642, 663, 788, 881 884, etc., de la bibliothèque communale de Cambrai.

Les regîtres de la paroisse d'Aubencheul-au-Bois, de 1665 à 1743.

La collection des pièces sur Crèvecœur qu'on trouve dans le cabinet de M. Delattre à Cambrai. M. Delattre se propose de faire un jour part au public de cette précieuse collection de titres, de chartes et de cartes en manuscrits.

Auteurs imprimés.

Bouly, Soirées de l'abbé Tranchant; Mémoires chronologiques.

Bruyelle, chronologie de l'histoire de Cambrai, Notes sur les communes de l'arrondissement de Cambrai; Ephémérides; Mémoires chronologiques.

Carpentier, Histoire du Cambrésis.

Charles Louis Devillers, Histoire de l'abbaye du Mont-Saint-Martin.

Dupont (l'abbé) Histoire de Cambrai.

Gallia Christiana, tome 3e.

Le Glay, Lettres sur Gualtercurt, Cameracum christianum, Glossaire topographique du Cambrésis, etc.

Strada, Guerres de Flandre, etc.

TITRE DE 1219.

Original en parchemin dont le scel est tombé.

Jean de Béthune, évêque de Cambrai, confirme une vente de terres faite par l'abbé de Saint-Aubert à Bauduin d'Aubencheul ; il mentionne la promesse d'une chapellenie à établir dans Scurvilers par le même Bauduin.

Johannes, Dei gracia Cameracensis episcopus, universis fidelibus tam presentibus quam futuris in perpetuum. Contractus necessarie approbandos a nobis tanto gratius tantoque libentius volumus acceptare quanto fructuosius ex eisdem vel perfectus ecclesiis vel subsidium provenit animabus. Unde notum fieri volumus universis quod ecclesia Beati Auberti Cameracensis de nostro consensu legitime vendidit dilecto nostro Balduino de Aubenchuel, militi, quasdam terras quas emerat apud Vilers, Therrico de Douci milite et uxore ipsius, sicut in carta ejusdem Th. plenius est expressum. Propter quod humiliter postulabat alienationem premissam nostre auctoritatis favore fieri firmiorem, maxime cum dilectus ac fidelis noster B. abbas prefate ecclesie, coram nobis nostrisque personis veraciter testaretur receptam ex eadem alienatione pecuniam in majores ipsius ecclesie commoditates commissam. Dictus vero B. coram nobis promisit quod de terre prescripte proventibus instaurabit in domo sua de Escurviler quondam capellaniam pro anima fratris sui Johannis, canonici Cameracensis, et sua vel antecessorum suorum salute, assignaturus usibus capellani septem modios Cameracenses frumenti in perpetuum annuatim, ita quod institutio capellani ad prefatam ecclesiam pertinebit cum infra terminos parrochie de Crievecuer spectantis ad eam domini ipsa consistat. Nos igitur, profectum ecclesie et animarum salutem in isto negotio attendentes, benigne approbavimus alienationem premissam, terram nobis ab ecclesia libere resi-

gnatam eidem B. pacifice possidendam reddentes, et ordinationem capellanie prefate nostro similiter roborantes consensu, salvo tamen in omnibus jure parrochiali ac ecclesiam memoratam spectante, in testimonium premissorum cartam hanc nostro facientes muniri sigillo. Actum anno Domini M° CC° nonodecimo.

OBSERVATION.

Gérard de Landast fonda dans Esne, en 1186, une chapellenie de deux muids et demi de blé, et autant d'avoine, afin d'y entretenir un prêtre priant pour l'épouse du fondateur. Le chapelain avait de plus, une maison ainsi qu'un grand jardin au pied de l'église ; et ses revenus furent augmentés dans la suite. En 1233, Bauduin de Walincourt, qui signe la même année en la donation d'Aubencheul au Verger, établit une chapellenie à Gouy, et donne pour l'existence, *sustentationi*, du titulaire, une rente de sept muids de blé, en stipulant que le chapelain, autre que le curé de la paroisse, ne demandera ni ne recevra rien dans Gouy, et que la chapelle fondée sera séparée de l'église. En 1264, Wis, seigneur de Villers-Outreaux, y fonde une chapellenie pour laquelle il donne trente sept mencaudées de terre.

Les chapelains d'Esne, de Gouy et de Villers ne devaient prier et officier publiquement qu'à l'intention des fondateurs ; on fournissait à celui d'Esne un logement convenable. Le muid en grains valait neuf hectolitres, et la mencaudée, trente-cinq ares quarante-six centiares. De ces données, on conclut facilement quels étaient les moyens d'existence et les fonctions de ces titulaires ; mais au dernier siècle, le chapelain d'Esne était en même temps vicaire de la paroisse.

TITRE DE 1231.

Bauduin d'Aubencheul déclare qu'il a depuis longtemps établi une chapelle à Aubencheul, qu'il assigne au Chapelain un revenu de sept muids de blé.

Ego Balduinus, dominus de Aubecoel, notum facio universis quod cum, de consensu bonæ memoriæ Johannis quondam

Cameracensis episcopi, et ecclesiæ Sancti Autberti Cameracensis, dudum instauravimus capellam in domo mea de Aubecoel in Arrouasia, cujus institutio pertinet ad abbatem præfatæ ecclesiæ, eo quod intra terminos parrochiæ suæ de Crievecœur domus ipsius consistit, volens, sicut promisi, capellaniam prædictam, pro anima fratris mei Johannis, quondam Cameracensis canonici, et mea et uxoris meæ Odæ, et antecessorum meorum salute salubriter instauratam, perpetuo firmam esse, de consensu præfatæ uxoris meæ, assignavi usibus capellani septem modios Cameracenses frumenti quos recipiet capellanus annis singulis in grangia præfatæ domus meæ de fructibus terrarum pertinentium ad domum prædictam. Ita quod ego et uxor mea, quamdiu vixerimus et tenuerimus dictam domum, præfatos septem modios capellano reddemus, et quisquis post nos tenuerit dictam domum ad præfatam annuam solutionem frumenti in perpetuum tenebitur. Sciendum tamen quod si alibi infra parrochiam de Crievecuer fecerimus capellano præfato restitutionem de prædictis septem modiis sufficientem et bonam, nihil in grangia nostra recipiet capellanus, sed ad restitutionem quam ei dicto modo fecerimus se tenebit. Ut autem præmissa sint in posterum magis firma, sigillo nostro pro me et prædicta uxore mea, de cujus consensu omnia ista feci, præsens scriptum munivi. Datum anno Domini M. CC. tricesimo primo mense februario.

TITRE DE 1233.

Copie, cahier en papier.

Bauduin d'Aubencheul et Oda, son épouse, donnent au couvent du Verger leur terre et seigneurie d'Aubencheul-au-Bois.

Ego Balduinus, dominus de Aubencheul et karissima conjunx mea Oda, notum facimus per hoc scriptum presentibus et futuris, quod ecclesie de Virgulto Beate Marie quam fundavimus pro salute animarum nostrarum, dedimus in perpetuam elemosinam totam mansionem nostram de Parvo Aubenchuel, sicut est a nobis constructa, cum omnibus pertinentiis suis in terris, nemoribus et aliis quibuscumque, ita quod abbatisse et monialibus ejusdem loci deliberavimus omnino possessionem omnium predictorum, ut eis in perpetuum gaudeant et utantur. Hanc autem donationem et elemosinam sollempniter et legitime fecimus coram hominibus viri nobilis et karissimi domini nostri Johannis, comitis Carnotensis, domini Osiaci ; qui scilicet homines ad feodum de Hanonia et de Crievecuer pertinebant, cum prefata mansio et pertinentie ejus prius de feodo memorato fuissent, presente etiam officiali Cameracensi, fecimus elemosinam antedictam et eam ab eo petivimus confirmari in quantum ad dominum episcopum pertinebat. Sciendum preterea quod prefata ecclesia nobis liberaliter et benigne concessit quod anniversaria nostra sollempniter in perpetuum faciet post nostrum decessum, ita quod in quolibet anniversario sumentur de bonis prefate domus de Parvo Aubenchuel quinquaginta solidi Parisiensis monete, ad communem pietantiam totius conventus. Ut autem ipsa elemosina sit de cetero semper firma, ego Balduinus sigillo meo, pro me et pro prefata conjuge mea, que sigillum proprium non habebat, cartam istam signavi. Fecimus etiam subnotari nomina hominum predictorum sub quorum testimonio dicta elemosina facta fuit. Signum Balduini domini de Wauleincort, Mathei de Helli, Landrici de Alloes, Petri de Forest, Johannis dicti monachi de Crievecuer militis, Walteri Bruxieis, Godefridi majoris, Thome Malos, Arnulfi de Vilers, Egidii de Manieres, prepositi de Crievecuer. Actum anno Domini millesimo ducentesimo tricesimo tertio, die sancti Johannis Ewangeliste.

TITRE DE 1236.

Copie, cahier en papier.

Godefroi, évêque de Cambrai, confirme la donation faite par Bauduin d'Aubencheul.

G. Dei gratia Cameracensis episcopus, universis presens scriptum visuris salutem in Christo. Licet omnibus religiosis personis, ratione suscepti officii, teneamur auctoritatis nostre patrocinium exhibere ut possint tranquille Domino famulari, sexus tamen infirmior qui, ob desiderium salutis eterne, manum misit ad fortia, et quadam masculina virtute, mollitiem femininam excessit, nostro debet propensius protegi munimento, ad hoc scilicet ut collatis in elemosinam sibi bonis pacifice gaudeat, et liberius vite bone agonem percurrat. Notum itaque facimus universis quod dilectus noster Balduinus de Aubencoel et Oda uxor ejus, bonis temporalibus affectantes eterna mercari, ancillis Dei que in monasterio quod dicitur Virgultum Beate Marie sub sancto proposito vivere devoverunt, domum suam de Parvo Aubencoel in Arrouasia, cum omnibus pertinentiis, in terris, nemoribus vel aliis quibuscumque proventibus sive bonis, que usque in presens tenuerunt ibidem, vel infra Arrouasiam temporibus futuris acquirent, salva tamen capellania in domo eadem, ab ipsis primitiis instaurata, secundum quod in scriptis bone memorie predecessoris nostri Johannis, Cameracensis episcopi, et ipsorum plenius continetur, in perpetuam elemosinam sollempniter et sub nostro testimonio contulerunt; humiliter supplicantes ut hanc collationem seu concessionem eorum, sollempni nostre auctoritatis assensu et judicio firmaremus. Nos autem devotionem ipsorum hilariter acceptantes, favorabiliter et libenter admisimus quod petebant; prefatam elemosinam sicut facta est ab eis prefatis ancillis Dei que in loco predicto deserviunt vel deservient in futurum, in jus perpetuum confirmantes ; sub interminatione divini judicii et sub pena excommunicationis districtius inhibentes ne quis ipsam ecclesiam supra dicta elemosina ullo modo in posterum perturbare presumat. Datum anno Domini millesimo ducentesimo tricesimo sexto, mense junio.

TITRE DE 1260.

Copie, cahier en papier.

Wie de Villers-Outreaux détaille longuement ce qui est dit de ses prétentions et de ses dons, à la page 13 de cette notice ; puis il termine par ces mots :

Et est à savoir ke toutes les choses devant dites et devisés doi jou tenir bien et loiaument en cascun [1] article ; et si l'ai fianchié [2] par foi et juré sour [3] sains, sour paine de mil livres de paresis à rendre a l'abbesse et au couvent devant dit, se jou aloie [4] encontre ces choses devant escrites u aucune de ces meismes choses ; et si seroit et parmaneroit [5] li pais ferme et estaule [6], tout ensi com ele est devant ordenée et devisée. Et en toutes ces choses je renonce à toutes letres ke jou avoie et ki onques [7] furent faites de çou ke jou pooie [8] rachater les choses devant dites, et si renonce aussi à l'indulgence ki est otryé [9] as croisiés, et à toutes manières de letres dounées ne à douner, u ke jou ai u aquerre poroie [10] et à toutes indulgences et à tous drois et a toutes lois mondaines u de clergié, et à toutes coustumes et tous status de vile, de cité, u de païs, u de signeur ki me poroient aidier et grever l'abbesse et le couvent devant dit ; et si renonce aussy à l'exception de çou [11]

— [1] Chaque. — [2] Promis. — [3] Sur, sous. — [4] Allais. — [5] Resterait. — [6] Stable. — [7] Autrefois. — [8] Pouvais. — [9] Octroyée. — [10] Pourrais. — [11]. — Ce.

ke je n'avoie mi aage quant ces choses u aucune d'eles furent vendues, et à toutes autres choses et raisons ki poroient estre mises avant, ne deveroient ne averoient liu encontre ces présentes lettres. Et pour çou ke toutes les choses qui sont contenues en cest présent escrit soient fermes et estaules à tous jours, jou Wis devant noumés, chevaliers, ai ces letres scelées de men saïel données de me propre volenté à l'église dou Vergiet devant dite. Ces letres furent dounées en l'an de l'Incarnation Nostre-Signeur mil deux cens et sexante, el mois de novembre.

TITRE DE 1666.

Copie en papier.

Annexion de la chapellenie d'Aubencheul à la cure de cette paroisse.

Gaspar Nemius, Dei et apostolicæ sedis gratia, archiepiscopus et dux Cameracensis, S. R. Imperii princeps, comes Cameracesii, etc., universis præsentes litteras visuris salutem in Domino. De statu ecclesiarum curæ nostræ commissarum assidua et paterna diligentia solliciti ut ad ea per quæ illarum tenuitatibus et personarum in iisdem ministrantium necessitatibus onerumque sibi incumbentium faciliori supportationi opportune provideatur lubenter animum intendimus. Sane dilectus nobis in Christo magister Mathæus Clidon, promotor curiæ nostræ spiritualis Cameracensis, sua nobis petitione exposuit jam a multis retro annis curam parochialem loci seu pagi d'Aubenchœul-au-Bois Galliæ finitimam, nostræ diœcesis Cameracensis decanatus vero seu districtus Cameracesii, vero pastore seu rectore carere nec ullus inveniatur qui eam regere velit, ob tenues et exiguos fructus et proventus dictæ ecclesiæ parochialis qui ad sustentationem unius pastoris sane minime sufficiunt, (non tamen sine magna animarum dispendio) esse vero in dicta ecclesia parochiali d'Aubencheul-au-Bois perpetuam sine cura capellaniam sub invocatione, seu ad altare Beatæ Mariæ Virginis fundatam, ad collationem et provisionem reverendi domini abbatis sancti Auberti, ordinis canonicorum regularium sancti Augustini, Cameraci, spectantem et pertinentem, quam idem reverendus dominus abbas (salvis congruis et debitis ejusdem capellaniæ oneribus) curæ predictæ parochialis ecclesiæ d'Aubenchœul-au-Bois perpetuo incorporari seu uniri facile consentire, prout de facto consensisse et consentire asseritur, in ejusdem parochialis ecclesiæ d'Aubenchœul-au-Bois pro tempore rectoris non mediocre solatium ac vitæ subsidium. Quapropter fuimus debita cum instantia requisiti quatenus in vim concilii Tridentini, et alias authoritate nostra ordinaria ad hujusmodi unionem et perpetuam incorporationem procedere vellemus et dignaremur. Nos vero, considerantes hujusmodi petitionem, præmissis veris existentibus, non esse a rectæ rationis tramite alienam, præsertim accedente ad hoc patroni consensu, et nihilominus mature in hoc negotio procedere volentes, decrevimus citationem in forma contra omnes et singulos hujusmodi unioni seu incorporationi sese opponere volentes et nominatim contra dominum Joannem Pierson, presbiterum capellanum, possessorem omnesque alios et singulos sua communiter vel indivisim interesse putantur. Quibus quidem litteris nostris citatorialibus debite executis et coram nobis in vicariatu nostro reproductis citati, sane non comparentibus sub prima, secunda et tertia dilationibus (justicia exigente) seclusis per contumacibus declaratis, ac postquam nobis constitit de tenuitate fructuum seu proventuum dictæ curæ ac consensu prædicti reverendi domini abbatis Sancti Auberti Cameraci, tamquam collatoris seu patroni antedictæ capellaniæ Beatæ Mariæ Virginis in prædicta parochiali ecclesia d'Aubencheul-au-Bois prout præmittitur fundatæ, tam nostra ordinaria quam dicti concilii Tridentini authoritate antedictam capellaniam Beatæ Mariæ

Virginis curæ dictæ parochialis ecclesiæ d'Aubenchœul-au-Bois, ad opus et utilitatem illius pro tempore rectoris seu curati perpetuo annectendam et incorporandam decrevimus et præsentium tenore decernimus eandemque, ex nunc prout ex tunc, cum primum illam per cessum aut decessum dicti domini Joannis Pierson, ejusdem capellaniæ moderni possessoris seu rectoris, aut aliter vacare contigerit, curæ predictæ parochialis ecclesiæ cum omnibus et singulis suis juribus, redditibus, proventibus, emolumentis et pertinentiis universis perpetuo annectimus, unimus et incorporamus, ita quod liceat pro tempore rectori parochialis ecclesiæ d'Aubencheul-au-Bois, corporalem, realem et actualem possessionem dictæ capellaniæ Beatæ Mariæ Virginis, sicut præmittitur, unitæ et incorporatæ authoritate nostra propria ubi vacaverit, ut supra libere et licite apprehendere illiusque fructus, reditus et proventus omnes percipere et habere ac in suos et dictæ suæ ecclesiæ usus et utilitatem convertere et perpetuo retinere, cujusvis alterius licentia desuper alias minime requisita, salvis debitis et congruis ejusdem capellaniæ oneribus quibus præjudicare non intendimus. Datum Cameraci, sub sigillo nostro ac secretarii sedis nostræ signatura, anno Domini millesimo sexagintesimo sexagesimo sexto, mensis vero julii die vigesima prima. Subsignatum erat, de mandato illustrissimi ac reverendissimi domini archiepiscopi Cameracensis, C. Nepveu, secretarius cum paraphe.

Les titres qui précèdent sont extraits des archives de l'abbaye de St-Aubert et du couvent du Verger réunies au dépôt central de Lille sous la direction de M. le docteur LE GLAY.

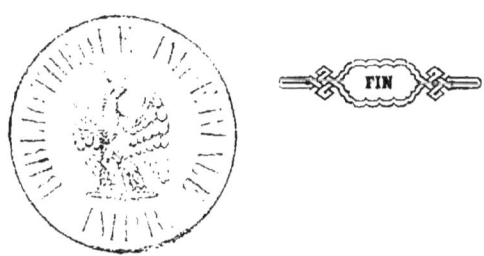

ADDITIONS ET ERRATA.

Page 49, ligne 17. La compagne d'Ursule Dessenne était une autre jeune fille du même hameau, nommée Catherine Leriche. Elle renonça au mariage comme la première, mais elle mourut dans un âge peu avancé.

Même page, *Boyon*, lisez BROYON.

Page 60, *Prévot*, lisez PRÉAUT.

Page 74, 2ᵉ colonne, *reprochant*, lisez REPROCHENT.

Page 81, il faut citer aussi Jean-Baptiste Pruvot qui, né à Aubencheul où il vit encore, entra dans le siècle précédent au service de la famille Lefranc et y sert aujourd'hui l'arrière petit-fils de son premier maître. Il fut décoré en 1850 à cause de sa belle conduite envers les quatre générations pour lesquelles il avait travaillé sans interruption durant l'espace de plus d'un demi-siècle.

Page 93, ligne 31, *Pouvillon*, lisez PEUVION.

Page 96, ligne 13, 881 884, lisez 881, 884; ligne 31, *Lettres*, lisez LETTRE.

www.ingramcontent.com/pod-product-compliance
Lightning Source LLC
Chambersburg PA
CBHW070242100426
42743CB00011B/2093